# 地域再生の失敗学

飯田泰之　木下斉　川崎一泰
入山章栄　林直樹　熊谷俊人



光文社新書

# はじめに

—

飯田泰之
Yasuyuki Iida

明治大学政治経済学部准教授

日本のこれからを考えるにあたって、地方・地域の視点は欠かせないものになってきています。日本という国は複数の地方、多数の地域によって成り立っているわけですから、これは当たり前のことだと思われるかもしれません。しかし今、あらためて、地方・地域の活性化の重要性が注目されるのには理由があります。現在、地方・地域は経済・財政・コミュニティといった複数の意味で危機的状況にある。それが多くの人々の共通認識となったことが、現在のような地方問題への注目につながっているのです。

これまでも日本では無数の地域再生を目指す政策が行われてきました。そのなかに、一定の成功を収めたものがあるのも確かです。しかし、現在の状況から考えると、これまでの地域再生政策は基本的に失敗だったとまとめざるを得ないのではないでしょうか。従来型の政策の多くは失敗だった。これを認めることが、これからの地域再生を考える出発点となるでしょう。

これまでの地域再生、地域経済政策の問題点を挙げればきりがありません。しかし、過去の施策の問題点を責めるだけではこれからの道を探ることはできない。そこで、本書では、従来型の施策の問題点を整理しつつ、「ではどうするのか？」という視点を提供することを目指したいと思います。

「地域再生」という単語を聞いて思い浮かぶものは何でしょうか？　道路鉄道網の整備によってある都市に多くの企業・工場が立地すること、あるいは観光客の増加によって市の観光業の売上が向上することでしょうか。それとも、中山間地域の小規模集落において自然と共生した人間らしい生活を取り戻すことでしょうか。地域再生を語る難しさは、そこに含まれる「地域」「再生」という二つの概念について、人によってまったく異なるイメージから語れるところにあります。

対象の定義なしに有益な議論を進めていくことはできません。本書でいう「地域」とは、中心となる都市と、その都市に通勤・通学する人口が一定以上いる周辺地域を合わせたものと理解してください（専門的にはこのような地域分類は都市雇用圏と呼ばれます）。おおまかには、「人口一〇万人以上の市の中心街とその通勤圏」といったイメージで読み進んでいただければと思います。

そして、このような地域における平均所得が向上することをもって「再生」と呼びます。この定義に疑問のある方もいるでしょう。編者も「当該エリアの平均所得向上以外の地域再生はない」「これこそが真の地域再生である」と主張するつもりは毛頭ありません。あくまで本書で何が語られているかを明確に理解いただくための便宜上の定義です。もっとも本書を読み進んでいただければ、地域の平均所得向上が（文化や伝統、コミュニティといった）より広義の地域再生にとって必要条件に等しいことをおわかりいただけると思います。所得が向上すればあらゆる意味で地域が再生するわけではありません。しかし、所得の向上なしには地域再生はおろか、地域の存続すら危ぶまれるのです。

以上の定義に従うと、本書における地域再生とは地域経済振興のことではないかと感じられる方もあるでしょう。その認識は間違いではありません。しかし、戦後長きにわたって行われてきた地域経済振興のための方策と、これからの地域経済に必要なもの・ことは大きく異なります。これまでの国や自治体主体の振興策の失敗から学び、民間主導で地域経済に再び活力と成長を取り戻す——失敗から学び、将来を考えるという観点から、本書のタイトルは『地域再生の失敗学』としました。

日本において地域の経済振興が重要な政策課題として意識されるようになったのは、一九六〇年代前半のことです。戦後復興から高度成長期にかけて、日本経済の成長エンジンとなったのは重化学工業の発展でした。そして、これら重化学工業の多くが北九州から阪神、そして東京圏に至る沿岸地域（いわゆる太平洋ベルト地帯）に立地していたことから、工業化の進む地方とそれ以外での経済格差、所得格差が拡大します。一九六一年時点で、上位の五都府県の平均所得は下位五県の二・一八倍と、戦後最大を記録することになりました（県民経済計算、一人あたり県民所得）。

そこで、一九六二年には「地域間の均衡ある発展」をスローガンとする全国総合開発計画（一全総）が策定されます。一全総の考える地域間均衡のイメージは、その後の、そして今現在に至る地域振興策のひな形となりました。道路・港湾・鉄道を整備することで、工場立地のためのインフラを提供し、それによって日本のあらゆる地域を工業化、近代化させるというイメージです。現在行われている地域振興においても、公共事業によるインフラ整備、工場・企業誘致は大きな目玉とされることが少なくありません。

工場誘致には雇用吸収力がある。つまりは、地域に工場が立地すれば多くの雇用が生まれるかもしれません。しかし、現代の先進国経済における所得の源泉は「ものづくりそのもの」にはありません。先進国にとっての所得の源泉は、企画・開発、デザインといった「ものづくりの周辺」へと移ってきています。

日本が「世界の工場」だった八〇年代前半までと現在で求められている経済振興のあり方

は異なる——これは誰しもが理解していることでしょう。だからこそ、工場・企業誘致以外、中心市街地の活性化や地域の特産品を生かした域外販売拡充策へと国・自治体の取り組みは変化しています。しかし、中間目標が工場誘致以外のものになったにもかかわらず、その手法は「大規模なインフラ整備によって（何かの）集積を目指す」というものに留まってしまうことが多い。大規模な商業施設の建設による市街地活性化は、商業振興のために工場誘致の手法を用いてしまっている典型例です。

従来型の地域振興をまとめると、「インフラ整備によって、今までできなかったこと（工場立地・新規店舗開業）を可能にする」というビジョンになります。できなかったことが可能になったのだから、あとは自然と工場や新規店舗がやってくるだろうというわけです。しかし、このような手法が有効なのはあくまで「その地域に工場を建てられるなら建てたい、店を開けるなら開きたい」という潜在的な投資需要が豊富である場合に限られます。国民各々が似たような財・サービスを欲していて、その頭数そのもの（人口）も増加していくという状況ならば、このような方針にも一定の合理性はあったかもしれません。しかし、現在の日本（というよりもすべての先進国）はそのような状況にはありません。

人口はほとんどの先進国で減少を始めており、さらに財・サービスへの需要は量や質よりもバラエティ（自分の好みにぴたりと適合した特徴ある商品の存在）に向かっています。このような状況では、大規模なインフラ整備を軸とする経済振興策は、期待される効果を発揮することができなくなっているのです。

これからの地域再生は、インフラ整備型振興とは異なる方針で発想しなければなりません。経済のバラエティ化が進むと、「どの商品が売れるのか」はますます予測不能となっていきます。熟議と合意形成を経て実行される公的なプロジェクトは、このような状況にまったく対応できません。何が流行《はや》るかわからないという状況に対応できるのは、雑多なアイデアを小さく実行し、ダメならば早めに撤退することが可能な民間だけです。これからの地域再生は、企業・個人といった民間のプレーヤーを主役とせざるを得ないのです。

成功する、需要につながるアイデアを生み出すために必要なものは何でしょう。企画やデザインに成功の方程式はありません。下手な鉄砲数撃ちゃ当たるよろしく、多数のアイデアがテストされ、その中の一部が半ば偶然生き残っていくという視点がこれからの経済にとって重要になるでしょう。地域経済の活性化のためにはより多くのアイデアが生産される場所が必要です。

数を撃つという戦術に関して、日本は、非常に困難な状況に直面しています。生み出されるアイデアの数は人間の数に強く依存します。たくさんの人がいればたくさんのアイデアが生まれる。反対に人の数が少なければ、出されるアイデアの数も少なくなっていく――今後数十年にわたって人口減少が不可避な日本は、そして地域はどうしたらよいのでしょう。

人口減少の問題に即効薬はありません。少なくとも今後半世紀にわたって、日本の人口は減少し続けるでしょう。これは非現実的な人数の移民を受け入れ続けない限り確実な話です。しかし、アイデアの数は人数だけで決まるわけではありません。同じ人数でも、相互の交流があるか否かによってそのアウトプットは大きく異なります。人と人とが出会い、刺激を受ける中でアイデアは生まれます。人と人とが出会う場所としての人口集積地、つまりは十分な規模の都市が存続できるならば、アイデアの総生産量は減少しないでしょう。ここから、人口密集地の維持が民間を主体とする地域再生のために必要であることがわかります。

その一方で、国内で突出したビジネス・居住の集積地となっている東京圏も深刻な問題を抱えています。人口密集とともに公共エリア、都市圏が広域化して居住地が分散した結果、集積のメリットよりもデメリットのほうが目立ちつつある。都市への「適度な集積」を誘導するという方向性を可能にするためには、これまで以上に各都市圏の経済振興への取り組みが重要になってくるでしょう。

民間を中心に据えた振興策、それをサポートする行政のあり方、人口減少への対応とこれからの地域再生を目指すためにはさまざまな視点からの知見が必要となります。本書では、これらの課題に対するヒントを示すため、まさに現場のプレーヤーたちとの対談、研究者による三つの講義とその解題を提供したいと思います。

第1章では、民間による地域再生プロジェクトのプレーヤーである木下斉氏（エリア・イノベーション・アライアンス代表）との対談を通じて、従来型の経済振興策がなぜうまくいかないのか、地域再生を民間主体で行うというのはいったい何をすることなのかを考えます。

続く第2章では、地域再生における官のあり方について、地域経済学を専門とする川崎一泰氏（東洋大学教授）に講義いただいています。地域再生の主体は民間であるという本書のコアとなる主張は、決して国・自治体による公的な政策が不要だとするものではありません。むしろ、主役が民間であるということが明確になることで、これまでとは異なった形で国・自治体が担うべき仕事は増加するかもしれません。これまでの官民連携制度の問題点を整理することで、これから必要なシステムは何かを模索していきたいと思います。

そして、第3章のテーマはアイデアとイノベーションです。先端的な経営学の知見のエヴァンジェリストとしても知られる入山章栄氏（早稲田大学准教授）の講義を通じて、民間企業、そして個人が数多くのアイデアを生み出し、所得を上げるイノベーションに結びつけていくために、地域には何が必要なのかを考えましょう。同章を通じて、技術が高度化し、ネットワークが充実すればするほど人と人との結びつき、その出会いの場としての地域の重要性は高まっていくということが理解できるでしょう。

本書では中小都市から中核都市圏の経済振興がメインのテーマとなっています。人口減少下での都市圏の維持には何が必要なのでしょう。その際に参考となるのは、日本全国、都市圏よりもはるかに早くから深刻な人口減少の問題に直面してきた、いわゆる限界集落の事例ではないでしょうか。第4章では、林直樹氏（東京大学助教）に文化、そして記憶の維持という観点まで含めた人口減少への対応策を提案いただきます。これからの地域再生は容易な事業ではありません。容易ではないからこそ、うまくいかなかったときの次善の策の準備が必要になります。具体的な方策のみならず、次善策、あるいは複数の選択肢を準備することの重要性を理解いただければと思います。

第5章では熊谷俊人氏（千葉市長）との対談を通じて、本書全体の議論をまとめるとともに、これからのビジョン策定につながる展望を考えていきます。他の地域の状況と比べて、一見恵まれている千葉市においてさえ地域再生への道のりは平坦なものではありません。現場のリアリティから、地域再生のために必要な政策的措置は何か、何を変えなければならないかを考えたいと思います。

## 第2章　官民連携の新しい戦略

川崎一泰　東洋大学経済学部教授

対談・川崎×飯田

# 第4章 人口減少社会の先進地としての過疎地域

林 直樹 東京大学大学院農学生命科学研究科・特任助教

## 第5章　現場から考えるこれからの地域再生

熊谷俊人　千葉市長

対談・熊谷×飯田

# 第1章

# 経営から見た「正しい地域再生」

—

木下 斉
Hitoshi Kinoshita

エリア・イノベーション・
アライアンス代表

# イントロダクション

飯田泰之

## いかにして「稼げるまち」にするか

本書では、地域再生にとって地域経済の活性化が第一の、そして最重要課題であるとし、その方法を論じていく。地域経済の活性化には多様な道筋が描き得る。大企業の支社や生産拠点が立地すること、地域の主要産業が復活することで生まれる波及効果など、想像し得るストーリーはさまざまだ。しかしながら、近年では「支店経済」はもとより、主要産業の活性化をもってしても地域経済の衰退を止めることができないというケースが増えてきている。

それはなぜか。約六四〇〇万人の就業者数のうち大企業従業員の数は、非正規雇用まで含めても約一五〇〇万人に過ぎない。就労者の八〇％近くは中小・零細企業に雇用されているか、自営業主として生計を立てている。主要都市を除けば、大企業以外で働く人の割合はさらに高くなる。したがって、就業者の二割を占めるに過ぎない大企業従業員の所得が増えたとしても、八割の所得が変わらないならば、マクロ経済的なインパクトは大きくはない。さらに、地域経済にとっては、仮に大企業の支店等の雇用が増加し、その従業員の所得が増加しても、消費が地域の外で行われるならば「地域経済が活性化した」とはいいがたい状況になるだろう。一部の産業が潤っても、地域経済全体の活性化につながらないという状況は、交通の発達やインターネットの普及により、ますます発生しやすくなっている。

「まちおこし」は自治体や都道府県の枠を超えて、国政にとっての大きな課題となっている。しかし、この「まちおこし」という言葉は、非常に曖昧《あいまい》だ。地域の誇りを取り戻すために、大きなコストを払って大規模イベントを開催したとしよう。それによって、確かに「地域の誇り」なるものが取り戻されたなら、その「まちおこし」プロジェクトは成功したといえるのかもしれない。しかし、ここでもう一段階、議論の階層を上げてみよう。「まちおこし」は地域再生のための手段に過ぎない。そして、地域再生のためには経済の再生が必要だ。

このように考えると、まちおこしもまた、最終的に地域経済のためになるか否かという視点と切り離して論じることはできないことがわかる。必要なのは、「いかにして稼ぐか、いかにして稼ぎを逃がさないか」という視点だ。基幹産業の収益をいかに地域内に残存させるか、さらには他地域住民の消費をいかにして自地域内に振り替えさせるか。そのための方法について、経営的な観点からの地域再生、本来的な意味でのまちおこしの専門家である木下斉氏にお話を伺うことにしたい。

## 対談　木下×飯田

### ゆるキャラは「まちおこし」ではない

**飯田**　近年、「まちおこし」を目指した施策をやっていない自治体はないのではないかと思えるほどですね。まちおこしブーム、またはまちおこしバブルといってもいいかもしれないくらいです。そして、各地で行われているまちおこしといえば、B級グルメ、ゆるキャラ、そしてイベントの三つがすぐに浮かびます。しかし、「そんなものは〝まちおこし〟ではない」という木下さんの見解は非常に刺激的です。

**木下**　なぜ地域のためになっていないのか。税金を投入して、一時的にお客さんを集めてはいるけど、かけたお金以上に地元にお金が戻ってこないということに尽きます。そもそも地域が衰退しているというのは、ヒト・モノ・カネに代表される資源が地域からどんどんなくなっている状況です。人口も減る、地域の生産物も減る、地域に残るお金も減っていく。しかし、活性化のためには、これらを増加に転じさせなくてはなりません。つまり、活性化を目指した事業というのは、自分たちが投じた資源よりも多くの資源が流入しなくてはならないわけです。

むしろ投資回収できない事業は、地域にとってはマイナス効果をもたらすだけで、やればやるほど行政の財政支出は増加し、かといって民間部門の経済力は拡大することなく、結局のところは衰退します。

**飯田**　つまりは、定番の「まちおこし」はまちを全然〝興し〟ていないし、地域を活性化していないということですね。むしろ投資ではなく、消費になっている。近年の「まちおこし策」の成功例とされる、くまモンの経済効果ってどれくらいだといわれているんでしょうか？

**木下**　日本銀行熊本支店の試算では、二〇一一年一一月～一三年一〇月までの二年間で一二四四億円だそうです。ものすごい数字です。もし本当に二年間で従来の経済にプラスして、それだけ発生したのだとすれば、熊本県はとんでもないことになりますね（笑）。飯田さんもいつもいわれているように、経済学的には経済効果というものは否定されているそうですが、素人感覚にもおかしいことはわかります。この試算の中身を見ると、昔からあった地元名産の焼酎とかお菓子に軒並みくまモンがつけられていて、それらの売上を積み上げて、さらに産業連関で計算して「経済効果」となってしまいます。プラスされた経済の数字ではなく、あくまで積算なんですよね（一〇四頁参照）。つまり、本当の純増分はまったくわからない。だからこそ、経済効果という怪しい表現に逃げてしまう。

**飯田**　すでにあった売上を食って、つまりはつけ替えてくまモンの効果として計上しているわけですね。それではあまりの過大推計でしょう。他の要因をコントロールして熊本県全体で物産の売上額が以前より上がっていなければ、真の経済効果はゼロなのですが。

**木下**　なるほど（笑）。しかしながら、まちおこし策分野においては、厳しい経済効果議論ってのはなかなか起きないんですよね。普通に広告効果、経済効果で皆が納得してしまう。そしてさらに多額の予算をつける根拠にされてしまう。有名になればそれでオーケーとなってしまう。経済効果も足し算・掛け算で増幅して、実態はよくわからない。結局のところは、財政状況も厳しい中、全国各地の自治体が多額の税金をかけて実施する経済政策の切り札が「ゆるキャラ」だ、とかいわれてしまうと、頭が痛くなるわけです。

地元の人とも話していると、くまモンは九州新幹線開通を機に生まれたらしいんですよね。

関西圏から熊本に人を呼ぶためにどうすればいいかという政策議論の中で、なぜかゆるキャラをつくることになったわけですよね。

**飯田** たとえばお祝い事があったから、キャラクターをつくるという「消費」をしてみましょうという話ならわからなくもない。しかし、これを「投資」と考えているのなら、大きな問題です。くまモンに会うために新幹線に乗って熊本に行く人がどれだけいるのでしょうか。

小規模な町村のゆるキャラがここまで有名になったならば、知名度の向上という意味を持たせることも可能です。しかし、そもそも「熊本県を知らない人」なんてどれだけいるのでしょう。ある意味では成功を収めたくまモンでさえ、大いに儲かったとはいいがたい。その他のゆるキャラは推して知るべしです。

**木下** 使ったお金に対してどんなリターンがあるかという発想が乏しい。昨今のB級グルメも同じですね。B級グルメの巨大イベントを開くと、確かに何十万人と来場者があります。しかし、そのためには設営や管理、警備に莫大な運営費用がかかりますが、焼きそばやホルモン関連製品はせいぜい五〇〇～六〇〇〇円です。しかも各地域から集められるものだからそれぞれの商品は大量生産できるわけじゃなく、それぞれ数百食売れたら終了。初期の小規模でやっていた頃はまだしも、これだけ広域から人が来るイベントとしては、もはや儲かる構造ではないんです。参加地域においても、当地のB級グルメが有名になって、多くの観光客が訪れて、地元関係者が稼ぐというところまで頑張っているところもありました。しかしながら、最近では完全にグランプリに勝つことが目的化した地域PRになってしまっているところも多く、持ち出しばかりになっていますね。

地域活性化の取り組みは、最初は当然ながらそれなりの意識を持った人が集まって成果を出します。しかし、それが話題になればなるほど、何も考えずに後乗りしてどうにかトクしようと参入する人が増加し、一気にコモディティになって陳腐化してしまうというのを繰り返してきています。

道の駅もしかり。単価が五〇円や一〇〇円の野菜を、地域の農家さんが運んできて売っている。そんな低単価の商品から二〇％程度の販売手数料を道の駅が運営でもらったとしても、鉄筋コンクリートの公共施設のような立派な建物を建てたら運営費があまりに多くかかるため、当然赤字になります。

そもそも道の駅は、トイレやゴミ捨てなどの休憩所として整備するはずだった話が、社会実験段階でたまたま実施した産直施設の人気が出たものだから、地域活性化という目的も付与されるようになっていきました。まぁ、元々のトイレやゴミ捨て場の横に仮設で地元農産品を販売などするのは、とても良いことです。なぜならば、それくらいの投資なら回収できるだろうからです。「どうしたら赤字にならないか」と質問されることもありますが、赤字になるには赤字になる明確な理由があるんですよね。結局のところは、道の駅の多くは自治体が国から補助金をもらって税金で建てて、さらにその運営にも自治体が予算をつけて委託していたりします。農家の人の所得は多少上がるかもしれませんが、どうしたって地域の財政負担は増加する形。一〇〇円の得をするのに、一〇〇〇円使っているみたいなもんですね。収支で見たら地域全体としては赤字といったような。

**飯田**　建物の維持費だけでも相当なものですね。

**木下**　まぁ普通、農家の方が自らつくる産直所は、畑の端にある掘っ立て小屋ですよね。スーパーだって倉庫に毛が生えた程度のスペックです。それなのに公共施設のような販売所を建ててしまったらそれだけで元は取れないんですよね。

**飯田**　そこまでのコストをかけて回収できるような事業ではないと。「お金をここに入れてください」と書いてある無人の販売所ならば元を取れるかもしれないでしょうが。

**木下**　はい、あれなら普通に利益が出ますよね。儲かるように設計もせずに、ひたすら派手なことをやるのは、活性化策ではなく飯田さんの言う通り単なる「消費」です。趣味の世界。

それは結局のところ、その地域の衰退を助長する策になってしまうわけです。こんなことをいうとみんなに嫌な顔をされますが。何万、何十万というたくさんの人が来ても、結局収支が合わないのであれば意味がない。このことになかなか気づかないいんですよね。

**飯田**　結局のところ、入ってくるお金と出ていくお金をプロジェクト全体で評価するという、民間なら当然の視点がないわけです。

B級グルメの優等生である富士宮焼きそばでさえ、地域再生の観点ではそこまでの成功事例とはいいがたいでしょう。原料の小麦もソースも、おそらく鉄板、ついでにガスも（笑）、ほとんど市内では作っていない。そうなると、いったい何のための事業なのか。そして、最近増えてきているのが、「B級グルメ開発」です。郷土の伝統料理を全国に紹介するというならわかります。経済合理性とは違う意味づけも可能かもしれません。しかし、B級グルメを新しくつくろうというプロジェクトにいたっては何をしたいのか全然わからない。料理監修のプロデューサーやコンサルに払うお金が増えるだけという感じもします。

**木下**　結局はそうなるんですよね。地域全体を一つの会社として見立てるというのを私はモットーにしているのですが、まだまだ一般的じゃないんですよね。

たとえば原材料は地元産であればいうことはないですが、どうしても地元だけでは足りなくて、地域外から仕入れたとします。それでも、その原材料で作った商品を地元客ではなく外から来る顧客に対して販売するのであれば、仕入れに外貨を使っていても収入で外貨を獲得でき、仕入れと売上の差額分は地元に残る。だから地元で作付できないような原材料も多少は仕入れてもいいのではないか、とかそういう議論がないんですよね。

また、アドバイザーを外から連れてきて、その人に数千万円のフィーを支払うとすれば、それだけのリターンを期待できる事業をやらなくてはならない。収入は常に支出を上回るものでなくてはならないにもかかわらず、常に皆が「お金を使うこと」ばかりを考え、「自分だけは安定的に収入を得たい」と思っていれば、地域はますます衰退してしまうわけです。

「巨大な工場がうちにはあります！」とかいう地域でも、実際に統計を見れば、原材料は半加工状態で地域外から持ってきていて、さらに完成品はそのまま地域外に持っていっていたりします。地元に落ちているのは、組み立てに使う簡素な生産設備の固定資産税と、非正規が多くを占める工場の労働賃金だけのこともあります。

現状、地域活性化策のためになされていることは、農林水産業も工業も商業も関係なく、こうした収支に対する考え方が弱いものがほとんどです。何か目に見えるものが動くとそれだけで満足してしまい、目に見えないお金の話は二の次になってしまう。

繰り返しになりますが、地元の活性化事業で重要なのは、それぞれの収支がしっかりと黒字になること。私は意味のあることをやっているから赤字でもいいのだ、とか開き直ったりする人が、一番地域を衰退させているという自覚を持たなくてはなりません。そのためには、外部に頼むのではなく、内発的に小さくてもしっかり黒字になることを徹底した事業を続けることなんですよね。それを積み上げていけば必ずよくなるわけです。都合のいい一発逆転を期待せず、そういう積み上げができるか、それが問われています。

## どこでも似たようなイベントが行われるワケ

**飯田**　都心部で開催される地方物産のイベントに行くと、すごい既視感に襲われませんか。盛岡であろうが仙台であろうが秋田であろうが、どこも同じに見えてしまう。それもそのはずで、どれも似たような代理店が運営しているんですね。政府から地方に渡ったはずの補助金が、結局は東京の広告代理店に戻ってきてしまう。

**木下**　昔から一定規模のイベントになると外注でしたが、最近のイベント企画の丸投げはすごいですね。すでに活性化を諦めている商店街でも、イベントだけはやったりする。自分たちのお金ではやらないけど、国から補助金が流れてくる。流れてくれば自治体はそれを活用して、地域に配ろうとする。昔はイベント予算の三分の一から半分までは補助金で、あとは自前で出してください、という形式が原則だったのですが、いまやそれではやらない地域がたくさん出てしまう。なので、最近では一〇〇％国からの補助金というものもあります。しかしながらそれでもやる人がいないと、「段取りとか含めて全部やります」とか「申請書も書くので」とかいう業者まで出現して、ほぼ名前貸しに近い形でイベント予算を消化していることもあります。

また別の話として、代理店は中小のみならず大手も厳しい。そうなると、税金をターゲットにした事業部を立ち上げて、税金絡みの事業で稼ごうという経営判断もなされていきます。これは企業だから仕方ない。そして自分ではやれない地方と、掠《かす》め取りたい代理店とで利害が一致。当然大手は、もともと自治体などが依頼していた地方の企画会社にはできないようなクオリティのイベント企画がつくれるし、芸人とかも呼べる、設営も立派、広報に必要なウェブやチラシなどもレベルが高い。そうすると、どこの地域でも見たことのあるような企画が展開されるようになっていくわけですね。

**飯田**　大手広告代理店にはスキルがあるから、すごくいいものができる。ストーリーも、ポスターやキャラクターの質も、メディア展開もすばらしい。展示会や物産フェアの仕切りも、正直大手はいいですよ。その意味で、代理店としては一〇〇%以上、クライアントの要望に応えたといっていいのではないでしょうか。しかし、問題は、その「クライアントの要望」です。何のために広告を行うのか理解していなかったのではないでしょうか。広告本来の目的は、広告費を上回る売上増をもたらすことです。

**木下**　まさに代理店は「代理」店ですからね。それを発注するのは地方自治体であったり、地方の商店街であったり、漁協であったり、農協であったり、地方のさまざまな組織です。発注者が売上増加、利益増加といったような具体的な経済的純増を目的としていれば問題ないのですが、地方の組織側がそこまで厳しいことを言わないことも多いのが実態です。

そもそも地域関連の国の予算も、投資回収の概念が明確に設定されないので、自己目標として認知向上とかそういう曖昧なものを設定し、話題になればそれで評価されてしまうなどします。予算というお金を使うのだから、リターンもお金で示すべきなのにそうではない。市民が「楽しかった」といえばいいイベントになる、という具合です。民間企業相手にやっていた代理店からすれば、これだけ楽な成果目標もないでしょう。

さらには、認知を広げるにしても、別に広げなくていい人にまで無意味に広げるのもよくある話です。東北の小さな村の宣伝のため、有楽町の駅前イベントスペースで地元産品の無料配布をやる、とかはその典型ですよね。知ってもらって、本当にその村まで人が来ると思っているのか、その村の商品は都内のどこで売っているのか、そういうことがまったく整理されないまま、単にイベントやって何人に配った、などで終わってしまっては、成果は生み出せません。高齢者向けの店舗しかない商店街の店が、高校生向けのスマホのアプリに広告を出すようなものです。

**飯田**　自分たちの商売が誰を相手にしているのか、リーチはどこまでなのかがわかっていないんですね。無料サンプルで獲得できた顧客は何人なのか、ちゃんとコンバージョン率を計算して……なんてしていないでしょう。これは自治体だけに限らない話です。商店街が代理店を使った大規模キャンペーンをやったなんて例もある。テレビなどで取り上げられることもあります。が、中規模な商店街の場合、通勤客かせいぜい自転車で二〇分圏内が商圏なわけです。それより遠くなると別の商店街もあるし、ショッピングモールもある。全国のテレビや新聞で話題になるイベントやらキャンペーンをやったとしても、実際の売上には貢献しません。狭い商圏を深掘りする必要があるのに、広く浅くという方針でいってしまった。自分が誰に何を売る業者なのか理解していないのでは、うまくいくはずがありません。自腹で広告費を払っていれば当然考えるところなのに、補助金だから気にならない。

**木下**　重要なのは地域内にお金と人の新たな流入があることですが、それが可能な範囲には限りがある。全国区で一時期有名になるというだけでは、地域の長期的な発展にはつながらないわけです。ＰＲなどを実利的にとらえてやるためには、最初から地域側も「ターゲット」を明確にして、販売を伸ばしたい「商品・サービス」を絞り込み、さらに対象「エリア」も設定して、代理店などに依頼することが大切です。個々をクリアにし、さらに成果についても金額ベースで設定するなど効果が期待できるしっかりした内容にして、代理店を使う。そうすれば、今のような予算を無駄に広く薄く使うこともなくなるでしょう。ここが不明瞭であればあるほど、単に話題づくりを依頼するだけになり、まったく実利にかなわない内容になります。地域外の人の使い方をちゃんと考えようということですね。

## まちは路地裏から変わる

**飯田**　地域の活性化のためには、誰を相手にどうやって稼ぐのかという視点が必要でしょう。しかし、行政にはこの稼ぐという考え方がない。

**木下**　やはり地方においては、事業の基本が「いかに稼ぐか」ではなく「いかに配るか」が柱になってしまう。行政は、活性化策と福祉政策とを混合して考えてしまうんです。さらに、行政のみならず民間でさえ同じような思考になってしまっています。民間からしても予算をもらって何かを仕掛けることは、自分たちで商品・サービスをつくって営業して一つ一つ毎日売って稼ぐよりも短期的には効率がいいわけです。一発契約したらどーんとまとまった金額が入りますから。

そうすると、皆がいかに国から金を引っ張り、それを食い合うかという話になってしまう。事実、地方の実態はそうなってきてしまったといえます。

**飯田**　地方の商店街でお店に入っても、あまり商売気が感じられないことがある。状況を変えなければならないという「気分」くらいはあっても、自身が先頭を切って何かをしようとは思わないという人も多いようです。自分が汗をかかなければならない振興策にはなかなか参加しようとしない傾向があると聞きます。気鋭のクリエイターにポスターを作ってもらうみたいな話なら自分には負担がないから「乗れる」けど、自分たちが継続的に労働と金を提供しなければならないような――たとえばテナント確保のための営業や、景観向上のための自腹での店舗改装は乗り気じゃない。

**木下**　やる気がないところほど、実際にはそれだけ頑張らなくてもいい余裕があるんです。余裕があるからこそ、やる気を出す必要もない。

**飯田**　意外とお金を持っている、と。

**木下**　地方でも、戦後の高度経済成長期に商売をやってきた人たちは、儲かっていた時代に投資をして、かなりの資産を持っていることが少なくありません。店にお客さんが来なくても、近くにマンションを持っていて家賃収入があり、生活には問題がなかったりするわけです。さらにいい時代に稼いだ貯蓄もあるし、年金も入ってくる。息子は東京に出て、会社でちゃんと勤めている。こうなれば、自分たちはやっていけます。

**飯田**　開店休業状態でも商売を続けていれば、商売に少しでも関連した買い物は経費にできますしね。事業主のままでいれば相続も有利ですし、お客さんがいなくても店を開けておくインセンティブがありますしね。

**木下**　私は以前から、日本の商業活性化のためには相続課税と、休眠中の事業資産への課税を強化すべきだとずっと言い続けています。つまり、資産を放置していることが合理的になる環境を変えないと、結局「動かないのが得」になってしまう。だからシャッター通りのまま商店街を放置しても生活にまったく困らない人たちは、地方における資産家の象徴ともいえます。

**飯田**　商店街のシャッター化は典型的な外部不経済です。シャッターが閉まっている店があること自体、商店街の魅力を引き下げてしまう。稼ぐ・儲けるという活動をしないという人には、そんな贅沢な生活を送ることに対する税金を課すべきです。相続税と固定資産税の軽減制度は早急に見直さないといけません。稼がないことを税制で支援してしまったら経済が回るはずがない。

**木下**　シャッターを下ろす、つまり店を廃業できるのは資産に余裕のある人だけなんです。廃業時には銀行から借り入れた開業資金を返さなければなりません。すべての事業資金を現金で返済し、さらに毎日の売上がなくとも自分の生活はまったく問題ない。つまり豊かなのです。もしも、廃業することになって事業資金の返済ができなければ、家も自動車もすべて取られて、その地域を立ち去ることになるからです。実際、そのような例を、この一八年間でたくさん見てきました。それだけ事業環境は厳しい。その中でも自分の店のシャッターを閉めて、放置しておけるオーナーは、その商店街では豊かな人たちなんです。

だからこそシャッター商店街の活性化は難しい。それは、そもそも困っていないからです。そもそも活性化なんかしなくても、大して困っていない。口では困っていると言いながらも、別に生活が破綻《はたん》するとかは当面ない。自分の資産を無理やりでも動かそうとか思っていない。しかし、口では「困った」と言うわけです。

皆が「困った」と言えば、政治家はその声を受けて、行政に予算をつけるように迫る。さらに、よりによって行政はもっとも予算がかかる、困っていないメインストリートの物件からどうにかしようとしてしまったりします。やはり一番目立つところから、という考え方になりがちなのですが、目立つところ、まちのかつての一等地ほど蓄財は大きく、不動産オーナーは困っていないことも多いのです。

結果として、困っていない人が所有するとてつもなく高額で借り手のいないような家賃設定の空き店舗を活用して、空き店舗対策事業をやることになったりします。実にもったいない話です。

我々が地域で事業を立ち上げる際には、プライドが高くて経済感覚に疎いメインストリートの不動産オーナーと交渉するのではなく、合理的な判断力のある路地裏の小さな物件を保有する不動産オーナーさんと仕事をします。小さな物件でも、黒字経営を続けて短期の投資回収ができれば、その効果は確実に積み上がっていきます。それに対して、巨額の家賃などを支払う必要があって赤字になるような事業は継続できず、結局、行政予算頼みとなり、その予算が尽きれば事業も終わっていきます。実際に、今は全国各地でメインストリートではなく路地裏からまちが変わっていくことが多くなっています。

周囲が変わっていくと、最後にメインストリートのオーナーさんもこのような取り組みが気になって問い合わせてくる。向こうから問い合わせが来たら、こちらの論理で話ができるので、べらぼうに高い家賃ではなくなっていくわけです。とにかく、活性化理論が通じない困っていない人には、交渉しにいくことをやめる。まずは地味でもやりやすく、成果の出やすい路地裏から手をつけていく。そして成果を上げていけば、説得力が出て波及していく。これが、私の活性化事業で体得したことです。

## サプライチェーンを長く持つ

**飯田**　少々前の話ですが、酒類のディスカウント販売やネット通販に規制をかけるべきだという提案が与党内で議論されたことがあります。なんて時代遅れな主張だろう、と思っていたら、それを取り上げるメディアの側も驚くほど現実のビジネスを見ていない。ニュース番組で商店街の酒屋さんにインタビューしているＶＴＲを各局で流していましたが、店の選択が……。

**木下**　ああ、あまりに時代遅れなお店なわけですね（笑）。

**飯田**　そういう酒屋さんの店内に並んでいるお酒を見ると、どこでも手に入るものばかりなんです。ウイスキーであれば角、オールド、ブラックニッカ。日本酒は大手酒造のものだけ。当然、酒販は全然儲かっていないんでしょう。でもそういう店のほとんどは、酒の販売はついでに行っているだけで、実際は不動産賃貸業という店が多い。それは報道する側もわかっているはずですが、なぜか酒販店といえば昭和のパパママショップ（家族経営店）のようなところを取り上げてしまうわけです。裏を返せば、報道の受け手である視聴者、つまりは一般的な国民の商店街像こそが完全に時代遅れになっているということです。

商品を左から右にながすだけでは商売にならなくなっている。これは、酒販に限った話ではありません。原材料が製造や加工、流通を経て消費者の手に届くまでのサプライチェーンの中で、自分たちがお金を稼ぐ場所を見出《みいだ》すことがビジネスです。そのサプライチェーンのごく一部しか担っていないなら、よほどの特殊要因がない限り、大量販売でしか商売は成り立たないわけです。

**木下**　商店街も商店も、商品を仕入れて売ること、つまりサプライチェーンの末端を担っていた。モノがない時代、さらに人が自由に移動できない時代、生活圏内で適切かつ安定的にモノを供給してくれるというサプライチェーンを維持すること自体が、とてつもなく大切でした。商店街はモノがない時代、人がダイナミックに移動できない時代に機能していたわけです。だからこそ、モノが世の中に溢れ、人の移動が自由になった現代では、伝統的な商店街という存在はその役割を終えつつあるのだと思います。

市場競争が厳しくなった今、卸もやってみようとか、逆に卸から飲食店までやってみるとか、自分で握るサプライチェーンを少しでも長くして利益率を高めていくとか、他と異なる仕組みで競争力を高めなくてはならない。しかし、これが言うは易し行うは難し。うちの親が昔やっていた肉・魚・野菜の生鮮三品を取り扱った食料品店なども、やはり近隣にスーパーが現れるなどして競争が激化しても、なかなか転換できないいんですよね。もともと勝っていた商売で勝てなくなっても、そのやり方自体を変えるのは難しい。もともとモノがない時代に始めた商売で、全国を見ればどこにでもあるような肉屋・八百屋・魚屋がやっている平凡なもの。他と同じことを調達距離を利用して互いになわばり意識で成立させていたわけで、それが急に広域で統合されて大手のスーパーが出てきて、独自の戦略とか求められても、当人たちはまったくわからないんですよね。そう簡単に、これまでと違うことはできない。うちの親たちは、社長を務めていた祖父が亡くなるタイミングで廃業を決断できたのでよかったですが、もしズルズルいってしまっていれば、大変なことになったでしょう。

**飯田** 一つの地域でも、あるいは個別の商店主でも、サプライチェーンの中で自分たちの関与するチェーンを長くするという視点が稼ぐための一つの定番なはずです。しかし、サプライチェーンの視点で地域活性化が語られることはあまりないですね。

**木下**　サプライチェーンにはギュッと細くなるボトルネックが必ずあって、そこを握った人が価格統制力を持つことができる。これがマーケットの原理なのであって、まぁ大手はまさにボトルネックの掌握を目指しているわけですが、それは地域活性化も同じなんです。

たとえば地元の栗を使ったお菓子を作ったとして、中国産の栗菓子が並んでいるスーパーで競争したら、二束三文で買い叩かれることになります。じゃあそのお菓子を出すカフェをつくろう、パッケージをちゃんとしたデザイナーと協業してやろう、加工技術も学んでみよう、製造はあえて手作りにしてそのストーリーで単価を引き上げよう、さらに売り場も自分たちでつくってみよう……となっていくと、中国産のお菓子とはグラム当たりの付加価値がまったく違うものになるわけです。ま、これも言うは易し行うは難しですが、高知県四万十町の四万十ドラマという会社が実際にやっています。しかしながら、単に原材料を作って売っていただけでなく、加工も小売も自分たちで始めることで、競争力だけでなく、利益率も利益額も劇的に変わる。結果として、生産力を増やすために地元雇用も増えていく。

作って問屋に卸して、あとはマーケットに任せるというのはこれまでの農家と農協の関係と同じですよね。しかし、自分自身で販路を切り開いて加工まで握るタイプの農家の人たちは、サプライチェーン全体を見ていますね。自分で何を作るのかということを、営業先のお店や個人から逆算して考え、それぞれに適した生産・加工を行う。たとえば知り合いの農家も自分で営業した居酒屋に、冬にレタス鍋を出すということを聞いて、鍋に合ったレタスの品種を作付して売っています。そのように、用途に合わせて品種さえもコントロールすることで、そこら辺のスーパーや卸からは仕入れられない商品となり、顧客からも信頼される。マスで必要な「レタス」を作ったら、完全にマスで作っている大きな生産地には勝てないですからね。けれど、勝てるレタスも存在する。それを選択するのは営業から考えることだったりする。単に農業のことだけを考えていては、成長しないんですよね。販売先から逆算して考え、独自の生産・加工を行うからこそ利幅も大きくなり、適切に人も雇える。

**飯田**　垂直統合型でビジネスの間口を広げるという戦略は、特別な資源がなくても可能な戦略です。サプライチェーンを伸ばす、ボトルネックを押さえる。このどちらもないならば、よほど一流の商品を生産していない限り商売にはならない。たとえば主業農家では、徹底した栽培管理と貯蔵でじゃがいもの糖度をコントロールして出荷するのが当然になってきています。『ポテカル』というじゃがいも農家・業者向けの専門誌もあるくらい。そこまでいけばじゃがいも専業でも食べていける。でもそうではないじゃがいも農家は垂直統合で利幅を増やすか、ターゲットを絞り込んだマーケティング戦略をとる必要がある。そうなったら、超一流とまではいかないクオリティでも、珍しさや利便性で競争力がつくこともある。

観光誘致も同じです。美しい自然と温泉を自慢にしても、全国に一流どころの観光地がいくつもあるわけです。自分の地域が全国から時間をかけて来てもらえる一流観光地なのか、そうでなければ一部のマニアにとって替えの効かない存在でいられるのか、さもなくば近くの都市部からお手軽に来てもらう場所なのかを見極め、自然と温泉以外の要素や顧客層の絞り込みで競争しないといけないですよね。

## 競争意識とコスト感覚の欠如

**木下**　地域活性化に取り組むプレーヤーも「競争」という意識が欠如していることがとても多いですね。自分たちの活性化事業が他地域と競合しているかどうかなんて、ほとんど考えません。地域にとって皆が合意する〝良いこと〟をやれば大丈夫、というのは幻想で、皆で合意した〝良いこと〟をやっても報われない例はいくらでもあるわけです。

それは、地域の活性化というのは他の地域との競争の上にあるからなんですよね。いまや誰も、自治体区分で地域を考えて生活している人なんていないですよね。人は複数の市町村を横断して生活しています。転居する際にも、複数の地域を比較して自分にとって適切な場所を選びます。実は地域は互いに競合関係にあるわけです。

しかし、役所は競合関係の中で合理的な選択を考えようというよりは、地域内での合意を優先してしまいます。しかしそれは、結果とは関係ありません。地域の合意はプロセスであって、実施する事業による成果とは別の話なのです。少なくとも合意するべき内容は、外的競争環境から考えないと、誤ったプランで皆が合意して大失敗してしまうことさえあります。

結果、地域の皆の意見を積み上げて合意するワークショップを行い、競争環境を無視した活性化効果なんて見込めないような事業に何千万円という税金をつぎ込んでしまったりするわけです。そんな予算があるならば、最初からちゃんと福祉予算として地域内の生活に困っている人を救えたかもしれないわけです。無駄撃ちされた事業は、誰かの犠牲の上に成り立っていることを認識してほしいですね。

**飯田**　役所もコスト意識が本当に薄いですよね。木下さんは役所から「ご教示ください」と無償で情報提供を求められることも多いのでは？

**木下**　しょっちゅうありますす（笑）。まぁ役所の方、全員とはいいませんが、多くの人は情報はタダで教えてもらえるものだと思っています。ただこれは役所だけでなく、民間でも多いですね。僕らは各地域のオーナーさんと共同出資して、それぞれの場所で会社をつくって事業を行い、活性化していくという方法で仕事をしています。それぞれの「まちで稼ぐ」ノウハウを集積して広めるために「エリア・イノベーション・アライアンス」という団体をつくって皆で情報発信していますが、メンバーが自腹で出資して事業を行って蓄積したノウハウですから、アライアンスのメンバー以外への情報提供は、当然ながら有償にしています。これは一七年前に早稲田商店会に関わったときから、視察見学は有料で引き受けるということにしていたので、私としてはまったく当たり前です。昔はかなり多くの人から「金をとるのか」とご批判を受けましたが、最近は理解が広がって、業界的にも有料視察は多くなってきています。教える情報もタダではないですし、教える人の時間コストもかかりますから、それを無償化してしまえば、それは地元の持ち出しと同じですからね。視察を受ければ受けるほど地元の経済負担が大きくなってしまいます。だから、マイナスにならないようにちゃんと情報提供のやり方も考えなくてはならないわけです。

**飯田**　こっちは元手かけてやっているんだ、というのがわからない。自分たち官公庁のリサーチ部門にどれだけ金がかかっているのか……勘定したことないんですかね。

**木下**　まぁ、たとえタダで情報を提供したとしても、そういうふうにタダで教えてもらえると思っている人は、その情報を生かさない。印刷費のかかった資料もすぐに捨てるし、適当に都合のいいところだけ手法をコピーしたりする。自分は何の負担もしていないので、必死にならないいんでしょうね。僕らは自腹だから必死にやる。本気で向き合う。そういう人と情報共有をしたいですね。

**飯田**　有料のセミナーや講演で、遅刻や居眠りする人ってほぼ見たことないですもんね。私語なんて皆無ですし。

**木下**　むしろ講演後に詳細なレポートを送ってくれたりしますよね。役所が無償で人を呼んでセミナーをやって、動員かけて聴衆を集めて、そこから成果が形になった例を僕は知りません。地域活性化におけるそのコスト意識を変えるだけでも、地方行政はだいぶ変わりますね。使ったお金以上のリターンという考え方がないと、どれだけお金があっても足りないですから。

私が役員を務める公民連携事業機構で付き合っている紫波町（岩手県）の藤原孝・前町長は、「行政の外注主義をやめ、人材に投資する」とおっしゃっていて、実践されていました。よくある行政の笑い話で、職員の一割は頑張って働き、三割は普通に働き、六割はほとんど働かない。六割の人たちのモットーは「欠勤しない、遅刻しない、働かない」の三つなんだ、と。会社と行政もまったく同じ、それを前提に組織が回るように経営しなくてはならないとも言われていました。藤原前町長はご自身でも運送会社を起業して経営されて多くの社員を抱えていらっしゃるので、民間・行政両方の世界での経営経験があるからこそいえることだなと思いました。

ま、これは行政だけでなく、あらゆる大組織にいえることかもしれませんが。

**飯田**　失敗さえしなければよい……では組織は衰退する一方です。

**木下**　まぁ四割しか働かないから、六割分の業務を外注しなければならない。だから、ものすごい高コスト体質になる。結果として業務委託が無尽蔵に増加していく。これが馬鹿にならない。

藤原前町長は、説明会やワークショップの運営といった、通常なら地域外のコンサルに外注するような業務を職員自身ができるよう、研修に投資しました。たとえば研修に二〇〇万円かけたり、大学院に行かせたりしても、一案件でも自前でこなせるようになれば元が取れます。せっかくPFI（プライベート・ファイナンス・イニシアティブ：公共施設の建設や運営を民間に委ねる手法）を導入して五億円の建設費を四億円にして民間資金でやるとしても、その計画を立てるのにＰＦＩコンサルに一億円払ったら意味がありません。それも職員に勉強させて、自前でできるようにするのです。

ついでに、ＰＦＩを成功させた職員はその分野のトッププレーヤーになるから、仕事により積極的になる。毎年五〇〇〇万円の外注を一〇年すれば、五〇〇〇〇万円。一度の研修投資が二〇〇〇万円だったとしても、すぐに元が取れるわけです。こういう長期的な視点に立ったコスト意識はとても重要だと思いました。単にコスト削減だけでなく、業務品質までも引き上げることになるわけですから。しかし、そういう意識の首長さんや職員はとても少ない。それでも、実際に取り組んでいる自治体もあるわけです。まだまだやり方を変えれば、できることはあるのです。

## 域内で内需拡大と資本を回すのが第一

**飯田**　木下さんが手がけているプロジェクトにはどのようなものがあるのでしょう。

**木下**　たとえば商店街活性化であれば、使われていない物件のオーナーさんと会社をつくって、その物件に商店主さんを集めるといったシンプルなこととかですね。そういうときに入ってもらうのは、当然ですが先の話に出たような角やオールドしか扱わない酒屋さんではありません。たとえばクラフトビールの醸造をやっている人です。その際も、作ってボトルに詰めて売るだけならビジネスとして厳しいですが、ビールに合った料理を出す飲食店にも入ってもらって、他のクラフトビールも扱いつつそこで醸造しているビールを売りにすれば、粗利の構造がまったく変わってきます。酒に限らず自分でケーキを作ったり、自分で子ども向けの英会話教室を経営したりなど、ものやサービス自体を生み出す仕事をされている方に集まってきてもらう、もしくは開業してもらうわけです。

酒販に限らず食品はもともと薄利多売モデルで、売上から原材料費を引いた粗利は二〇〜二五%くらいといわれています。そこから家賃や水道光熱費、人件費を払わなければいけない。つまり薄利多売モデルなので、売上をがっつり稼がないといけないわけですが、そういう商売はこれからの商店街では極めて難しいです。

**飯田**　量の追求はイオンやイトーヨーカドーの仕事ですからね。

**木下**　まさにそうなんです。どこにでも売っている薄利の商品をたくさん売るなんてことは、まちの商店があえて挑戦することはあまりにも不利な話で、その選択をする必要はないと思っています。最近では実店舗だけでなく、アマゾンや楽天もいる。お客さんに店へ来てもらうどころか、商品がお客さんのところまで行ってしまうわけです。しかも当日配送とかで。

だからそういう巨人たちと戦ってはいけない。戦略の基本は、競争構造を理解した上で、戦ってはいけない人と戦わないことです。

単なる物販ではなく、製造から販売までを手がけ、さらに提供方法も小売ではなく飲食店に「加工」した瞬間に、粗利率が八〇％になることさえもある。物販でも、たとえばバッグを仕入れて売るのではなくて、革を仕入れて自分でバッグ作って売ったり修理も請け負う商売をやれる人を探す。ただの卸小売から、製造小売に変わると利益率がまったく変わるんです。これができる人にぜひとも私たちが手がけるエリアに来てもらわなくてはならない。これからは「高売上低粗利」ではなく、「低売上高粗利」で経営が成り立つ新たな産業集積を作るのが大切なんですよね。

稼げるビジネスが集積し、常に勢いのいいものに更新されていけば、そのエリアの人通りも増えていき、さらに周辺でも現状に合った面白いビジネスモデルの事業をする人がどんどん増えていきます。民間は、そうやってまちを変えることができるんです。

**飯田**　やっぱり面白い店が集まっているということは重要ですよね。そして、エリアへの集中という視点を不動産オーナーさんが共有していてほしい。店と店が遠く離れている場所は、なかなか盛り上がりにくい。シャッター商店街からお客さんがどんどん離れていくのと同じ話です。

**木下**　飲み歩けないまちは厳しいですよね。車社会では夜の飲食業、ナイトタイムエコノミーの成立が難しいのですが、地方都市で昼間の商売は厳しくても、飲み屋街が集積しているとなんとかなることもある。ナイトタイムエコノミーは物販などよりもモールやネットに代替されにくい競合が少ない市場なので、そういうところからまちを強くしていくのは活性化の近道だったりします。地方都市部などでは職住接近で、職場と住居の間に店舗集積があり、デイタイムだけでなく、ナイトタイムまでをカバーしていくというスタイルさえ出てきています。これは日本だけでなく海外でも最近は人気が出てきて、アメリカ西海岸の都市部とかヨーロッパの伝統的な都市部でも新興企業はあえて郊外ではなく、まちなかの古いビルをリノベーションしてオフィスを構えるようになってきています。若い世代の優秀な人材が、そのようなライフスタイルを望むからです。このようなまちの構造変化を構想し、夜のまちのあり方にも触れていくことが、日本の地域活性化にはこれまで欠けていた点でもあります。

**飯田**　お酒を出す飲食店は利ざやがいいですもんね。

**木下**　そうですね。それにわかりやすくまちが楽しくなりますしね。昼よりは財布の紐も緩みます。物販は個々人の嗜好に左右されますけど、飲食はみんなで時間を共有するものだから、人数を集めることができる。一〇〇人のお客さんを持っている店を一〇軒集められれば、その場所の固定ユーザーが一〇〇〇人いることになるし、新規に店を出す人もあのエリアで出したいと思うようになります。こうやって二年くらい続けていけば、事業をする人もどんどん増えていきます。地域経済の多くは内需ですから、これをどう回すかというのは重要な活性化策なんですよね。日本経済全体を見ても九割近くが内需なわけです。巨大な内需都市、巨大な内需国家である日本の活性化に向き合わなくてはなりません。

**飯田** 工場ができても地域の内需が活性化するわけではない。

**木下** 働く人の時給が地域に落ちる、それだけなんです。

**飯田** そして、その時給はショッピングモールやネットショッピングへ向かうと……。

**木下** はい。それよりも、域内経済で飲食でも物販でも成功する人を出して、あそこで商売したいという人が増えれば、そこの家賃も地価も上がっていく。地域内資源で飲食業態を増やして、資本も地元資本で回す。そういう構造で事業者が儲かるようになって、雇用も増え、固定資産税収入が増えれば、自治体の税収も増える。こういう循環をつくるのが地域活性化としては大切なんですよね。それなのに、内需都市にもかかわらず内需をいかに地域内で大きく育てていくか、より地元資本で回して利益の地域内循環を図るかという話にならない。

地域活性化で重要なのは民間が稼ぐことで、そこからしか何も始まりません。地域内経済を財政だけでなく、ちゃんと民間の資金と商品・サービスで回していくこと、ここにかかっています。

## チェーン店が抜けたあとには何も残らない

**飯田**　しかし多くの不動産オーナーは、個人店よりもチェーン店にテナントに入ってもらいたいと考えがちです。特に中規模都市を歩くとチェーン店ばかりということも……。

**木下**　チェーン店については、結構複雑ですよね。まずチェーン店を入れたがる人で、チェーン本部まで行って営業をかける人はほぼ皆無です。おおむね地元でリーシング斡旋《あっせん》をやっている不動産会社に丸投げして、しかも一棟貸しをしたがる。もしくは、一階部分をチェーン店に貸して、それで十分儲かるから、二階より上のフロアは放置してしまったりします。

問題なのは、チェーン展開をする企業の出店基準は出店シミュレーターがあって、極めて均質的な判断をするということです。どこかが出店すれば追随し、通行量など指標が基準を下回れば、出店不適合とシミュレーターが判断し、チェーン店はあっという間に撤退していってしまう。この一斉にいなくなるというのが恐ろしいところです。カラオケばかりになった、牛丼屋ばかりになったと思えば、そのうちに一気に撤退してしまったりするわけです。チェーン店の撤退後に不動産屋に「他のチェーン店を入れたい」と頼んでも、「もう引きがありません」と言われるだけのこともあります。では地元の店が入ってくれるかというと、チェーンに貸している間に地元との関係を切っていたオーナーに、ツテなんてありません。そうやって、かつてはチェーン店ばかりだった商店街が、もはやチェーン店の見る影さえなくなることも多く見られます。みんなが誘われるまま突っ込んでいって、気づけば何も残っていない。

不動産オーナーからすると、資本力の小さなテナントにフロアを小分けにして貸すよりも、大手に一棟貸しするほうが経営的に安定していると思われがちです。確かに入り続けてくれるならばそう言えるでしょう。しかし、一棟貸ししていたその企業が撤退した翌月から、家賃収入はゼロになってしまいます。

不動産運営にも多様なポートフォリオが必要なのです。チェーン店を全部排除しろという話ではなく、戦略的にメリハリをつけなくてはならないわけです。一階部分はチェーン店が入ってくれるならば貸してちゃんとビルの維持に必要な家賃を稼ぎ、そのかわり二階以上のフロアを放置するのではなく、ちゃんと地元向けテナントを開拓して利用してもらうように営業する。こういった合わせ技を進めることです。でないと、チェーン店頼みの不動産経営は必ず、まちの価値が低下していくと大変なことになってしまいます。関東圏でも北関東の都市部とかは、もともとはチェーンストアだらけの商店街になっていました。しかし、この一〇年の間にチェーンストアが一気に退店してしまい、目も当てられなくなってしまったところも多数あります。

僕らの手がける物件再生プロジェクトでは、小さな物件に五〜一〇人とかの経営者を集めたりするんですね。それで製造や物販のフロアなどをつくる。いきなり全員が一斉に撤退するということはまず起こりませんので、事業的には安定します。それぞれが支払う家賃は低くても共同で入居するので、積算すれば不動産オーナーが得られる家賃としては、特徴のない小さな物件でもそれなりの金額になります。

楽して儲けようとか考えると必ずしっぺ返しが来ます。当然、楽しているだけ、相手任せになっているわけですから、困っても自分ではどうにもならないわけです。短期的に身の丈を超える、月に一坪三万や五万といった高額な家賃をもらっても、身につかないです。

**飯田**　山手線沿線の商業エリアでも、雑居ビルの二階ならばもっと安いところはあります。月に一坪当たり一万円台の家賃収入があれば、地方ではかなり高水準じゃないですか？

**木下** そうなんですよね。人通りが多いところでやって一見《いちげん》さんに店に来てほしい人には向かないですが、固定客向けであればまったく問題なくそれらの立地で商売できます。むしろマンションの一室でやるよりも、営業できますしね。

また、借り手側には自分に必要な面積だけを借りたい、というニーズがあるんです。坪単価が低くても、不必要なほど広い面積を借りなくてはならなければ結局、家賃自体は高くなるわけです。月に坪一万円であれば、三坪必要な人には三万円。一〇坪必要な人には一〇万円で貸すといった価格設定ができる。要するに、借り手のニーズに合ったいろいろな貸し方が重要。中には画家でアトリエ用に借りていらっしゃる方もいて、その方も自宅で描いているよりもアトリエを構えたほうが、信用もついて売れるんですね。描いた絵をエレベーターに展示したりすると、ふらっと来た人が買ってくれることもあるし、ビルの雰囲気も良くなるので他の店にもいい効果が出てきます。まちなかのように不特定の人が集まる場所では、自宅でやっているよりこういう営業効果が出やすいんです。

**飯田** 初期のヴィレッジヴァンガードやドン・キホーテにも、そういう「何か面白いものがありそうだ」と感じさせる雰囲気がありましたよね。それを個人事業主の連携でつくり上げるというのは、それこそ「大型店・チェーン店にはできないこと」です。

**木下**　はい、そういう集積型店舗というのはマネジメントは大変ですが、全国各地でどんどん多様に現れています。さらに今はネットでの販売も行いますし、週末のマーケットなどに出店さえしていく。売上を実店舗、ネット、マーケットなどで複合化して安定を図りつつ、成長しています。環境が悪くても、それを解決する知恵というものはあるなと感じています。そういう着実な積み重ねを放棄して短期的な利益に走れば、あとで衰退が一気に進んでしまうこともあります。

## 小さな事業を集めて強くする

**木下**　まちを変えるために量産されていない製品やサービスで商売を成り立たせるには、多様性が必須です。そのためにはお店自体を複数にして、複合的な業種業態を集積させないといけないんです。普通にカフェなどでふらっと不特定多数のお客さんが来る商売もあれば、教室など月謝で稼ぐ商売もあります。伸び幅は前者のほうが大きいですが、確実性は後者のほうが高いです。まちを再生するにはこうした特性の組み合わせを意識し、多様な小さな事業を集めていくことが求められます。これは農業、林業、漁業など、あらゆる地域の資源活用で求められることです。皆が同じことを均質的にやっていたらダメなんです。

また、商業施設でも住居でも、賃貸物件には管理費が発生しますよね。それは、たとえば家賃を集めるだけでも手間がかかりますし、清掃も必要だからです。たとえば僕らの事業では、テナントの入居者に五人ずつくらいの組合になってもらって、それぞれに物件の管理もしてもらうという方法を取る場合があります。テナント料を集めるのも組合ごとにやる。こうすれば管理費はいらないし、自主管理が無理な時は、普通に管理費を払ってもらう。どちらも選択可能にするとたいていは自分たちで管理することになります。このやり方は、最初にコアとなる入居者を選ぶ際に厳しい眼が必要ですが、それさえできれば不確実性や与信のためにかけなくてはならないコストを下げる余地がたくさんあるんです。一つの施設だけでなく、複数の物件横断でゴミ処理料金を合同契約に切り替えたり、複数のビルのエレベーターを一括して管理したりとか、そういう管理費を軽減する工夫も多くあります。

**飯田**　現代版五人組方式というわけですね。テナント同士が連携して自分の商売の場所を管理する。ビルの中に良い意味での商店街コミュニティが再生されていくのもいいかもしれない。そして、これは大手にできない。地域にコミットしている人が仕切らないと、そもそも不可能だし、買収するにはビジネスの規模が小さい。まさにニッチをうまく自分たちのものにする戦略です。

**木下**　そのさじ加減は重要ですね。だから、数万平方メートルで展開するビジネスではなくて、まちなかの数階建ての雑居ビルのスケールなんです。

ビルにかけるリノベーションの費用も、テナントから支払える家賃と、投資する人が期待する時間軸の掛け算で決めます。たとえばテナント料が毎月一〇〇万円集まるとすれば、年間一二〇〇万円、一〇年で一億二〇〇〇万円です。でも投資する側としては、数多くのテナントが入居するという経営力が極めて必要な事業でリスクもそれなりに伴う。だからこそ二〜三年で回収できることを期待する。だから、そのリノベーションは二〇〇〇万〜三〇〇〇万円でやるようにする。その範囲で投資回収できるビジネスなので利益率はとても高く、でもプロジェクトとしては小さいので利益額は大手から見れば小さい。大企業は関わる人たちの給与などが大きいので、そんなちっぽけなスケールではビジネスにはなりません。しかし中小の事業者は十分ビジネスになります。ここが僕らが地域活性化として取り組む上で大切なゾーンです。

最近の例では、僕らがリノベーションした施設でチーズケーキを売っていた店に、近隣市の大手百貨店から出店依頼があったんです。お店で普段の営業を続けながら出張販売用のケーキを作って、一回の週末で三〇万〜四〇万円売りさばく。こうなると普段の売上にプラスして、域外からの売上さえも入ってくる。不動産オーナー側としてはテナントの安定性が高まるとともに、自治体から見ても域内経済をしっかりと固めつつ、さらに域外から外貨を稼いでくれるため、域外収支が大きく改善するんです。

**飯田**　スモールビジネスでは、初期投資や固定費を抑えないとビジネスは成立しません。小さいから収支をプラスにしやすい、小さいからダメだったときの痛みも小さいと。

**木下**　たとえば二〇〇〇万円の初期投資が二年で回収できる収益構造だとすると、三年目からは毎年一〇〇〇万円が手元に残ります。こうなると今度はこの事業に投資したいという人が現れて、さらに拡大することも地域内で新しい展開をすることもできる。テナントでも先の例のように成功していく店が現れれば、最初は月坪で三〇〇〇円しかとれないような場所であっても、次からは四〇〇〇～五〇〇〇円払いたいという人が出てくる。それだけの利益が見込めるから不動産の価格も上がっていく。このスキームに補助金なんていりません。不動産のオーナーも、テナントも、そして地域全体を見ても出ていくお金より入ってくるお金のほうが大きいので、それぞれがちゃんと経済的にプラスになっているのです。

**飯田**　そもそも投資回収できるプロジェクトであれば必ず民間の投資が入るわけで、補助金がないとできないならば定義として不採算事業になるわけです。全体で見ればマイナスにしかならない枠組みで、そんなことをいくら続けても活性化なんてできるはずがない。

**木下**　そうなんです。最初に「稼げる仕組み」をつくらない限り、どうにもなりません。そもそも民間も資金を出せないような活性化を目的とした公共事業への補助金は、予算をつければつけるほど、儲からない活性化事業が乱発されて、結果として地域は衰退していってしまいます。最初にあくまで「稼げる仕組み」を構築することが、地域活性化の鉄則なんですよね。

## プレーヤーに必要な資質

**飯田**　地域の活性化はプレーヤー主導で起こるものであって、国や自治体の音頭取りだけで起こるものではないということがよくわかります。では個々のプレーヤー、商店主や事業者はどういう意識を持てばいいのでしょうか？

**木下**　民間はすぐに財政支援に逃げずに、不利な環境においても稼ぎと向き合う人が増えることが重要だと思っています。地方が変わるのには行政はもとより、民間の変化がカギです。私が一緒に事業をさせていただいている地方の方々は、そういった稼ぐことに対して強い意識を持った方ばかりです。しかし、そのモチベーションを続けるのは難しいことでもあります。「別にそこまで稼ぎたくない。そこそこでいい」という現状に満足する人が大半の中、日々努力を続け、衰退を解消しようとするのは一番難しい。衰退していても、急に日々の生活が悪化するわけではないので、現状でいいと思ってしまう。そうすると、変化の伴う活性化というものは、なかなか受け入れ難いものなんですよね。ただ、最近はようやく「このままではダメだよね」という機運は高まってきているように感じます。

だから、そのようなまっとうな問題意識、成長意欲を持って地域の中で何かを始めたいと思っている人たちが中心になって活性化事業に取り組むしかないんですよね。そこそこでい い、面倒くさいことはしたくない、と言っている重鎮たちに活性化事業を任せても何も進みません。

さらに大事なのは「開放性」ですね。このような熱心な人たちも、時に暴走したり、早々に成果を収めたあと、排他的になってしまったりする場合があります。これは僕らにもいえることです。ある程度成果が出てきたあと、周辺に同じような事業をやりたい人が出てきたときに、議論や対話をすることを拒否しがちです。しかし、別に相手の言うことをそのまま聞くなんて必要はなく、単に門戸を閉ざさなければいいわけです。

初期段階は従来のまちの重鎮ではなく、やる気のある人ががっつり取り組むのが大切、そしてある程度成果が出たら、今度は開放性が大切。段階によっていろいろと課題は出てきます。

**飯田**　一人で頑張っても、地域が衰退していくのではなかなかビジネスを維持できないですしね。周りがついてこないと、頑張ろうという人は地域を出ていくか、地域と関係のないビジネスに転身してしまうことになる。仲間を巻き込むために必要なポイントを押さえることが重要ですね。

**木下**　初期の成功は絶対条件ですが、そのあとに仲間を囲い込むか、さらに仲間を呼び込むのかで発展のスピードはまったく違います。本当にここは難しいです。初速がよくても、伸び悩むこともありますし、その逆もあります。常に予断を許しません。

**飯田**　活気のあるエリアが点のままで終わらず、面として集積していくことが大事なんですね。いろいろなものが集まっている場所だと、とりあえず行ってみれば何か楽しいことがありそうだと思える。

**木下**　その段階まで至れば、本当にまちに活気が生まれます。

でも、たとえば一〇〇人のお得意さんを持っている店が一〇軒集まれば、地域で一〇〇〇人のお客さんを持つことになり、お互いにお得意さん以外のお客さんも期待できるようになる。もちろん客層の重複も多少はあるから純増で一〇〇〇人になるわけではありませんが、適切に競争しながら全体のパイを広げていくことはできます。中華は一軒だけしかダメ、薬屋は他に出店させない、そんな排除をする自主規制は逆効果なんですよね。そうして内輪もめしているうちに、他にもっと魅力的な商業集積ができて根こそぎ持っていかれるんですよね。

**飯田**　独自性がなければショッピングモールに行ったほうがいいということになるでしょう。それは地方中核市レベルでも当てはまるかもしれない。駅前に牛丼屋とカラオケ屋とチェーン居酒屋しかないんだったら、ショッピングモールのほうが楽しい。そんなまちならば、長期の休みは東京に出たほうが楽しいに決まっている。チェーン店だらけの中心市街地は東京の劣化コピーに過ぎません。

**木下**　そうなんですよね。独立して地域でやる人が生まれ、その人たちを集積させていくというのが活性化事業の一番核となるところです。単に店を誘致するだけでは意味がないですし、補助金で空き店舗の数を見せかけで減らしても無意味なのです。

だからこそ、自立心のある人材が事業を仕掛けやすくすること。これはマーケットを開いてまずは仮店舗で経営してもらったり、シェア店舗を開発して低家賃でスタートしてもらうなどを民間の力でやり、少しずつ成長して集積させていくことが大切です。自立心を持ったプレーヤーの確保というのが極めて重要なんですよね。

## 行商と貿易黒字

**木下**　僕らが関わっている「大きなところにはできない事業」は、実はもう「大きなところ」に目をつけられてもいるんです。先ほどのチーズケーキの例のように、僕らがリノベーションに参加した商業施設でお店をやっている人たちに、百貨店などから催事への出店要請が来るケースがとても多い。百貨店のＭＤ（マーチャンダイザー）も、一つ一つのお店やメーカーと交渉するよりも、面白い店がまとまっているところとまとめて交渉したほうがいいと思い始めているんですね。

チーズケーキの場合はカフェが飲食の場だけではなく、製造工場にもなって、収益のチャネルが増える。カフェで稼ぎ、物販で稼ぐ、これはクラフト製造販売などでもできる形です。商店街で店を開いてそこに来店してくれるお客さんだけ相手にしているとスケールには限界があるけれど、百貨店やモール、ネット通販など自前店舗を持たない「行商」も併せて展開すれば、スケールの天井が高くなるわけです。

**飯田**　その商店街の特定のエリアが、週末はいつも別の場所に「支店」を出している、となればしめたものですね。これからのスモールビジネスのロールモデルにもなり得る成功例でしょう。

**木下**　そうですね。週末は娯楽の多いにぎやかな場所が人を引き寄せるので、そこから商店街エリアに人々を呼び戻そうと思うと難しい。かといって商店街の店を閉める必要もなくて、店番を誰かに任せたり、もしくは出張販売を誰かに任せたりすれば、行商ができるんです。実店舗のスケール、立地制約に縛られない商売ができる。個人の商店主さんなどは、このあたりしたたかに行動し始めていますよね。

**飯田**　行商は、エリアからエリア外への輸出なので、エリアで見れば貿易黒字になりますしね。エリアで買う額より売る額が多くない限り、地域は潤わない。すごく簡単な話なのに、そこが見落とされがちです。このあたり、経済学者もあまり理解していない。

変動相場制ならば、経常赤字によって経済が縮小するわけではないので、「貿易黒字＝国全体の利益」は誤りであり、国単位での貿易赤字を誇大に伝える報道は困りものなのですが、日本国内の各地域は統一通貨でつながっている。外に売って内にお金が入ってこないと、その地域に資本が蓄積されない。これを理解しない人が多いのではないでしょうか。

地域別の経済統計を見ると、地方によっては公需——例えば年金・補助金が地域外からの収入の中心となっているところがあって、これは本当に厳しい状況です。

**木下**　本当にそうなんですよね。地域活性化では、貿易黒字が大切です。地域内に来てもらうだけでなく、商品を出して外貨を稼ぐ。活性化を目指す上で、地域から出ていくお金よりも地域に入ってくるお金を多くするのが基本原則。しかし、この点はまだまだ自治体の地域活性化策でも地方創生でもしっかりと議論されていません。冒頭で話したゆるキャラなどと同様に、なんでもかんでも「〜の経済効果」の試算だけに産業連関表が使われていることもしばしばです。

**飯田**　マクロ経済政策の効果を見る意味では経済効果は大切な機能なのですが、地域活性化の話で使うモノではない。地域産業連関表の中で一番いらない機能かも（笑）。

**木下**　まぁ経済効果はなんでも逃げようとするときに使われてしまうんですよね（笑）。どこからお金が入ってきて、どこから出ていっているのか。厳しいのはどの産業で、本当の中核事業はどれか。大工場の誘致には成功したけど、材料を地域外から入れて完成品を地域外に売っているだけじゃないか、とか見渡すことができるのに。何を捨てて何に特化するのかといった意見を、地域経済政策を巡る議論で耳にすることがほとんどありません。

**飯田**　何で稼いでいるのかがわかると、何がコストになっているかもわかるので、買っていた原料を地域内生産に切り替える輸入代替が次の一手なんだとすぐにわかる。そういう収支構造の詳細を見るために産業連関表を使うべきです。当然のことですが、そもそも収支感覚がないとそれに気づかない。

## 「支援」よりも「緩和」を

**木下**　政府の「まち・ひと・しごと創生本部」でも、地域経済分析システムをウェブ上で公開して、個別の企業名までわかる形で産業連関を見られるようになっています。データをもとにして戦略を立てようという話にはなっているのですが、最悪なシナリオは「中核企業の支援をしましょう」となることですね。

**飯田**　それ、ものすごくありがちだなあ（笑）。

**木下**　「この企業は地域の取引の要だけど、業績が落ちている。だからいっぱい補助金を入れて設備投資支援しよう」なんてなってしまったら、補助金紐付きの生産ラインが新設されかねない。完全な過剰投資であって、長い目で見れば企業にとっても金食い虫体質になる恐れが生じてしまいます。でも、「地域を代表する企業と自治体がパートナーシップを強化した」といえば、非常に聞こえはいいし、政治的にもオーソライズしやすい。こういったシナリオが僕には一番怖いんです。かつて農業、林業、漁業がこのような形で支援依存になり、そして商業もそうなり、工業ももはやそのようになりつつあります。

**飯田**　必要なのは「支援」ではない。仕事をしたい人が仕事をできるようにするのがもっとも簡単で成果も出やすい。

**木下**　まさにそうなんですよね。できないことをできるようにしてくれれば、そこに市場が発生しますので。僕らの場合もそうです。使えない放置された公共施設を貸し出してくれたり、道路を使わせてくれたり、公園で事業をさせてもらえたり、古い建物のリノベーションの許可を出してくれたりするのが、確実に効果的です。実際にそういう取り組みで地域が変わっていっている事例がどんどん生まれています。莫大な予算を投じない事業のほうが、投じた事業より成果が生まれるという実態を目の当たりにしています。だからこそゼロ予算事業でいいから、できないことをできるようにしてほしい、と思うことは多くありますね。

**飯田**　むしろ中核企業を支援したいのであれば、その中核企業に撤廃してほしい規制を聞いて、そこを緩和するほうがいいと思います。規制緩和や許認可の手続きサポートをして、お金は自分たちで工面させる。

**木下**　そうですね。たとえば補助金を入れるのではなく、強化したい産業での生産設備の償却期間の短縮を行うとか、通常は許可に時間がかかる特殊設備をすぐに導入できるようにするとか、ですね。そうすると、民間投資の活性化につながりますね。入り口で補助金をあげるのではなく、成果をあげていったら税金を軽減するほうが実際に成果を出すのでいいかと思います。入り口の資金は基本的に民間資金でやるほうが効果的です。

**飯田**　あとは農業や工場の用地規制です。あそこは準工業地域にしてほしいとか、そういう要望を企業から聞くのはいいと思いますが、公有地をタダであげたりするのはやめたほうがいい。

**木下**　そうですね。ちゃんと使ったら対価は支払わないといけませんね。

**飯田**　先ほど木下さんがおっしゃった、第三のプレーヤーをエンパワーメントすることに関しては、行政にやれることはたくさんあります。都市社会学者のリチャード・フロリダが言うように、多様な人に寛容な地域は、理由はよくわからないけど発展する（笑）。

**木下**　多様性こそ可能性を引き出しますからね。他ではできないことをうちの地域ではできる、というだけで少なくとも可能性は広がります。まずは数撃ちゃ当たるの「数」をどうやって確保するかが大事なことです。数を撃たせないようにすることはまちを衰退させる要因になりますが、衰退局面ほどみんな保守的になってしまう。緩和するより、「これはダメ、アレもダメ」という話になることがあるんですよね。皆が臆病になり、保守的になってしまうから。この負の連鎖はよくあることで、何かをする能力のある人は他の地域に行ってしまう。何が成功するかなんてわからないですので、まずは多様な挑戦が許されるようにすること、これが意外と単純だけど、意外と難しいんですよね。

## 今あるものを捨てる根性

**飯田**　民間のやる気のある人が動かなければ、地方は活性化しない。その一方で、行政による地方再生は人口維持が至上命題になっているのが気になります。

**木下**　そうですね。高齢者を地方都市に移住させる案など、その典型ですよね。

**飯田**　全国的な人口減少が避けられない以上は、ほとんどの地域で人口維持は不可能なのに、行政はかなり広域での人口維持を前提にしている。必ず失敗する地域のほうが多くなります。これだと進むものも進まないと思うのですが。

**木下**　進まないですね。地方創生戦略の一環で公募された事業が入札不成立になることも多くなっています。僕は活性化事業を請け負うコンサルタントを批判することもありますが、そんな地方のコンサルタントさえ呆れてしまっている状況があります。つまりここ一〇年間くらいは人口減少を前提に行政をどうやってリサイズするかということで動いてきたのに、いきなり「産めよ増やせよ」になってしまって、いったいこれまでの取り組みは何だったんだというわけです。地方でも場所によっては昭和三十年代から人口減が起こっていたのに、今から急に増えることに賭けるなんてクレイジーです。時計の針をめちゃくちゃなやり方でいじっている。

**飯田** そもそも、過疎地域で人口が増えた例なんてほとんどないんですが。

**木下** ずっと減ってきていて、その中で林直樹さん（第4章）のように集団移転の選択肢も提示して社会にメニューを増やそうとしている人もいるのに、いきなり「それでも増やす」一辺倒の議論になってしまいました。もしくは、減るけどもともとの予想よりは減らさないようにしよう、とかになっています。現実と向き合わなくなって、根拠もなく希望的観測にシフトしてしまった。

さらに、それでやることといえば国の予算で大きな建物を建てて、都市部の高齢者を呼び寄せようとかするわけです。しかし、おそらく先回りの営業をしないと、結局つくっても都市部の人たちは入ってこなくて、建てた施設のランニングコストでまた地方の財政と経済を圧迫してしまうでしょう。過去の産業団地も、農業加工所も、漁業拠点設備も、林業加工所なども皆、地元の状況を無視して全国で同じようなことを展開し、結局その余剰キャパは地元の負担になってきました。

少なくとも行政は、最良のシナリオから最悪のシナリオまでの幅をつくって、最悪を避けるようにマネジメントしなければいけないと思います。しかし、今は「なんとなく最良のシナリオ」しか語られなくなってしまっています。しかも怖いのは、多くの人がなんとなく策定しながら「うまくいかない」と感じていることです。けど、まぁそれが今の空気だから、仕事だから、仕方ないという諦めた感じで進められてしまう。

自治体が財政破綻さえしなければ急激な人口減は起きないので、確かに活性化のためのアクセルが必要なこともあるにはあるのですが、同時に適切にブレーキを踏まないと大成功か破綻かしかシナリオがなくなり、ソフトランディングできなくなってしまいます。広域行政や市町村合併といった嫌がられやすい選択肢も議論して、破綻だけは回避する知恵が必要なんだと思います。人口減少はそれほど恐怖におののく必要はなくて、テーマが産業分野なら社会全体の生産性に目が向けられるいい機会ですし、行政でいえば効率性と向き合ういい機会でもあるわけです。けど、それらを物量で乗り越えようと思ってしまうのは極めて無理があり、過去やってきた地域活性化の延長線にある話だなと思っています。

**飯田** 行政のよくやるハコモノをつくって活性化という手法では、どんどん事業の固定費が上がってしまう。固定費を払うためには人口増による税収増しかないという負のスパイラルです。経営破綻した夕張市は極端な例であるにせよ、今あるものを放棄する根性も必要な場合があるでしょう。

**木下** 必要ですね。「もう今まで通りのことはやらない」と決めるということは、とても大切だと思います。今ある公共施設の維持費が現行の予算では到底足りないことが、すでに明らかになっています。自治体は今ある何%の施設を手放さなければならないのか、それを政治的に決断できるかどうかが問われています。

さらに、過去の反省をすれば、公共施設一つをとってもつくり方を変えようと考えることができるようになります。ハコモノをつくるときは公共サービスをちゃんと充実させつつも、その施設維持費が負担にならないように、行政施設と併せて民間の商業施設をつくるといった新しいやり方もあります。古い公共施設をこれから建て替えるにしても、人口減で必要な容積も減っていきます。そのときに、五〇年前と同じような方法ではなく、時代に合った新たなつくり方を確立する必要があります。

最近、アメリカから上陸して話題のシェイクシャックというハンバーガー店も、もともとはニューヨークの公園整備のために、マディソン・スクエア・パークという公園の一角の営業権が入札に出され、そこを落札して出店したハンバーガー店でした。ニューヨーク市は、その営業権売却によって得られた収入で公園の維持管理を充実させるなどしています。このように、公共サービスの充実さえも「稼ぐ」という意識とセットで行う必要があります。あくまで民間は稼ぐことに徹し、行政もその意識を理解しつつ稼げる民間に任せて、その収入で行政は公共サービスの効率化・改善に徹するべきなのです。

今後は人口減少したら終わりとか極端なことを言わず、かぎりある財政でもしっかりと公共機能を守る知恵が大切です。

## ソフトランディングのための意識変革

**飯田**　ほとんどの自治体にとって人口減は前提条件で、これからさらに加速していきます。その中で地域を維持していくためには何が必要なのでしょうか。

**木下**　基本は地域内産業の活性化と向き合い、基礎税収を維持、もしくは増加させることと、税収に見合うサービスをすることしかないと思います。税収を増やすためには内発的な事業によって地域内で資金を回し、さらに地域外から外貨を獲得しなければなりませんし、税収に見合うサービスをするためには初期投資やランニングコストを下げる工夫や、近隣自治体と共用可能なものを見極めるなどの工夫が必要です。その上で、都市圏での行政区分の再編などを行っていくということになると思っています。人口が減少するのに今の都道府県区分、市町村区分のまま国土を維持しなくてはならないという前提自体に無理がありますからね。

**飯田**　北海道の一部の自治体では、人口が半減したら域内収支が改善したケースもありましたね。一次産業や観光が主要産業の地域ならば、経済は一定のパイの分配という性質をどうしても含んでいる。その資源を何人で分けるかという視点に立つと、一人当たりの取り分が増えることもあり得て、人口減が必ずしも悪とはいえなくなってくるでしょう。

**木下**　減少に合ったサービスの縮減を、どうやって計画的にやっていけるかどうかは本当に大切ですね。

**飯田**　人口数万人規模の自治体だと、人口が減少しているのにもかかわらず固定費を縮小できないがゆえに、赤字自治体になってしまうことが多いわけです。その結果、削ってはいけない社会保障に手をつけたり、もしくは自治体自体が経営破綻してしまう。

**木下**　おっしゃる通りですね。いきなり「切ります」とやってしまうと反発も当然大きくなります。簡単に理解が得られるわけではないですが、定性的に「いい」「悪い」で議論するとよくわからない方向に行ってしまうので、できるだけ数字をもとにして議論することが大切ですね。前後の説明なしに急に「閉鎖します」とか言われたら、そりゃ誰でも反発したくなりますからね。

住民側も、従来受けていた行政サービスが今後もあって当然という考え方を変えなければならないと思います。水道インフラは自治体の仕事だと思っている人は多いでしょうが、最近まで集落単位で井戸や水源を管理していたところはたくさんあります。市町村合併して大きな市に併合されて市役所の仕事になったりしていますが、住民が自助的にできることはなるべく自分たちで行うことで継続性を担保することも必要になってくるでしょう。

さらに技術的な解決もしやすくなってきているので、それらの活用も必要ですね。これまでは河川管理なども実際に人が張りついてみていたり、もしくは巨額の維持費が必要な遠隔監視システムを入れたりしていましたが、それらが最近ではネットベースのシステムに置き換えられて、超低コストで変わらない行政サービスが提供できたりします。なんでも行政に、なんでも人海戦術で、という世界から、ある程度民間で担えるものは担い、技術的に解決できるものはどんどん技術を使うという転換も必要だと思います。

このように減っていく人口に合わせるための知恵を出そうと思えば、工夫の余地はまだまだたくさんあります。破綻とか消滅などという前にできることはいくらでもあるんです。

**飯田** 人口は急に減るわけじゃないですからね。

**木下** そうなんです。一年で行政コストを半分にするということではなくて、五年間で一〇%削減といった目標設定を毎年達成することは、できない話ではありません。しかも単に予算を下げるのではなく、住民側でできることは住民が、システムで効率化できるものは効率化すれば、サービスそのものの消滅にはならないかもしれない。いろいろなメニューの中から公民で今後のシナリオをともに選んでいく。自治体にも民間にも考え方を変える必要がありますね。

**飯田** そもそも財政状況がいい自治体は合併しないわけで、合併して行政サービスをむやみに増やして財政をさらに悪化させたら何のための合併かわからない。

**木下** 市町村合併のあり方も変わっていくでしょうね。県をまたいだ越境合併もありだと思いますし、合併しなくても行政事務組合などでの各種の業務統合といったものはより積極的に進めるべきだと思います。いきなり切るのではなく、一人の職員が兼務できる業務量はどれくらいなのか、どうすれば効率化できるのかを真剣に考える。でも、これまでの行政は、やたらと業務量を増やすやり方ばかりしてきました。予算がなくなると、単に人員を削減していく。民間委託にして安くやらせる。そうやって業務自体の見直しをせずに、単に予算だけ切り詰めていくとすべてが荒《すさ》んでいきますからね。こういうのは悪い経営です。本当の経営は、やること自体の合理化をして予算制約を乗り越えたり、従来とは異なる収入モデルをつくってサービス維持のモデルをつくり出すことです。

重要なのは、予測されている未来に対して目をつむらないこと。特に数字面について、ちゃんと向き合って、場当たり的なコスト削減をやったり、ギリギリまで放置して一気にやるとかではなく、計画的かつ論理的に進めるということだと思います。予測されることに対応することは不可能ではありません。ただ見て見ぬふりして先送りしていると、いよいよどうにもならなくなってしまう。そのような事例を数多く見てきましたし、今でもそのようなものを多く見ています。僕らとしてもできることは挑戦していきますが、僕らだけでは手に負えない。誰かが気づいたら放置せず、行動を起こすことが求められていると思います。理想論だといわれることはありますが、理にかなったことからずれてしまうと、物事は改善しません。正論に従えば確実に改善できるとはいいませんが、正論をいかに実現できるのかという現実的な挑戦を続ける必要があります。その実証を得て現実を理想に近づけていくことが、これからの縮小社会への対応策なのではないかと思っています。日本の抱える縮小都市問題は、もはや先進国の真似事でどうにかなる話ではなく、自分たちの頭で考え行動していくしかないのですから。

**飯田**　地域経済が活性化するには集中・集積が必要です。全国的な、そして地域的な人口減少の中で集中・集積を行うということは、集積地以外ではよりいっそうの人口減少を容認しなければならない。その意味で、これからの日本経済は再び大移住の時代を迎えることになるかもしれない。その中で生き残るのは、損得・収支という視点を明確にした自治体であり、商店街であり、地主・事業主でしょう。より多くの自治体・団体・企業がこれに気づいたならば、その切磋琢磨を通じて、日本経済はまだまだ頑張れる。しかし、ほとんど気づく人がいなかったら……一時的な好況や、大企業の業績回復はあるとしても、日本経済の再生はいつまで経《た》っても不可能ということになるのではないでしょうか。

**木下斉（きのしたひとし）**

一九八二年、東京都生まれ。早稲田大学政治経済学部政治学科卒業、一橋大学大学院商学研究科修士課程修了、経営学修士。一般社団法人エリア・イノベーション・アライアンス代表理事、内閣官房地域活性化伝道師、熊本城東マネジメント株式会社代表取締役、一般社団法人公民連携事業機構理事。専門は経営を軸に置いた中心市街地活性化、社会起業等。主な著書に『稼ぐまちが地方を変える』（ＮＨＫ出版新書）がある。

# 第 2 章

# 官民連携の新しい戦略

—

川崎一泰
Kazuyasu Kawasaki
東洋大学経済学部教授

# イントロダクション

飯田泰之

## 地方再生のために自治体はどう変わるべきか

地域活性化の主役は民間――その地域に立地する企業であり、個人事業主であり、労働者であり顧客である各住民である。経済のことは民間に任せるべきなのであれば、自治体のやるべきことはないのだろうか。仮に無人の荒野に一から都市をつくり上げていくというような「シムシティ」的な状況であれば、民間にすべてを委ねるという答えもあり得るのかもしれない。しかし、現実の日本経済はシムシティではない。日本経済、地域経済を考えるにあたっては、過去からの遺産（または負債）をどう使うのか、どう変えるのかという観点でしか現実的な解決策を示すことはできないだろう。

地方経済における公的部門の存在感は非常に大きい。だからこそ、地域再生の失敗を考えるにあたっては行政の失敗に注目する必要がある。

経済において、稼ぐ、儲けるという活動は平等なものではあり得ない。不平等が基本の経済活動を、平等原則に立脚する行政が指導するということには、大きな困難をともなう。もちろん、これまで長きにわたって「平等」を旨としてきた行政に、明日から商社や銀行のように振る舞えというのは到底無理な話であるし、すべきことではないかもしれない。では、行政はどのような形に変化すればいいのか。

行政による経済活動の主なものは、徴税と住民へのサービス提供である。財政という観点から考えることで、地域再生における行政の役割がどのように変わっていくべきかが見えてくるのではないだろうか。

そこで本章では、地域経済学の専門家である川崎一泰氏にレクチャーをお願いする。前半が川崎氏の講義パート、後半が私との対談という二部構成になっている。

実は、「地域経済学」ほど定義が曖昧なものはない。そこで（川崎氏の語る）地域経済学の定義の明確化から話を進めたい。さらに、地域経済学による分析から域内活性化のために必要な措置を論じるとともに、内外で行われている官民連携の現状や、税制を通じた自治体・行政の改革について議論をしていきたいと思う。

# 講義　川崎一泰

## 「地域経済学」とは？

私の専攻は「地域経済学」なのですが、実はその定義は大学によっても研究者によっても変わるような曖昧さがあります。大学で「地域経済論」「地域経済学」などといった講義名があっても、対象は日本国内の特定地域だったり、アジア地域だったり、EUや北米全体であることもあります。ひどい場合には、担当教員の専門――趣味というべきかもしれませんが――がアジアの特定の国であるという理由だけで、その国の経済を一年学ぶ場合すらあります。つまり、研究者のバックグラウンドとなっている学問により「地域経済」の中身が変わってしまうので、開発経済学から来られた方と国際経済学から来られた方ではほとんど別の研究になってしまいます。とはいえ、「地域経済学」という履修科目から日本の学生が想像するのはおそらく日本の地方・地域であろうと思いますので、ここでは国内という前提でお話しいたします。

一般的な定義としては、「一国の経済活動において、地理的、文化的、行政区域などの空間的要素が資源配分に与えうる影響を分析する」のが地域経済学であるといえるでしょう。これが二国間以上に股がると「国際経済学」となります。国内の地域間の取引では、「関税なし」「資本や労働力の移動が自由」なので、国際経済学で考えなければならないやっかいな制度などを考えなくてもよくなるのです。この意味で、極めてシンプルなモデルで説明できる国際経済学といってもいいかもしれません。

ちなみに、日本の大学での「地域経済学」の場合、マルクス経済学をバックグラウンドにした研究者のほうが多いという特徴もあります。近代経済学をベースにした地域経済学とはお互いにほとんど言葉が通じない(笑)のですが、私の専門はあくまでも「近代経済学に基づく地域経済学」であるということをつけ加えておきます。

## 国も地方も将来世代からの前借りに依存

国の財政危機が叫ばれていますが、同じように危機を喧伝されているのが地方自治体の財政です。この二つの財政はどう違うのでしょうか。

まず、共通点は以下の三つに整理できます。

①フローの収支で評価する
②保有財産の評価がない
③財政規律が希薄化している

①と②は、はっきりと共通している点です。フローの収支とは基本的に現金の出入りのことです。地方財政の場合は債務残高や積立金残高などのストックも評価することがあるのですが、土地・建物などの保有財産は評価の対象にはほとんどなりません。これは企業財務と決定的に異なるところで、とにかくその年度の収支が健全であるかどうかで判断されると考えても過言ではありません。もちろん、保有財産で評価をしようとする動きはありますが、ほんの一部の動きでしかありません。

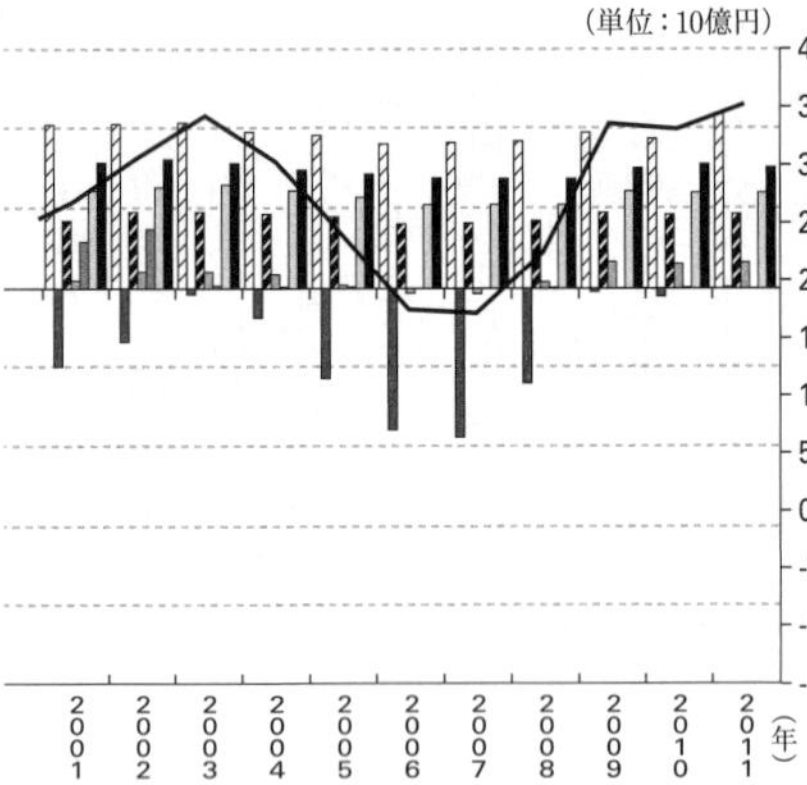

出所：川崎一泰『官民連携の地域再生』(勁草書房、2013年)第三章のデータを更新し作成。

③の財政規律については、中央政府・地方

**図表1　財政余剰の推移**

大都市圏で負担超過、地方圏で受益超過の状況が続いている

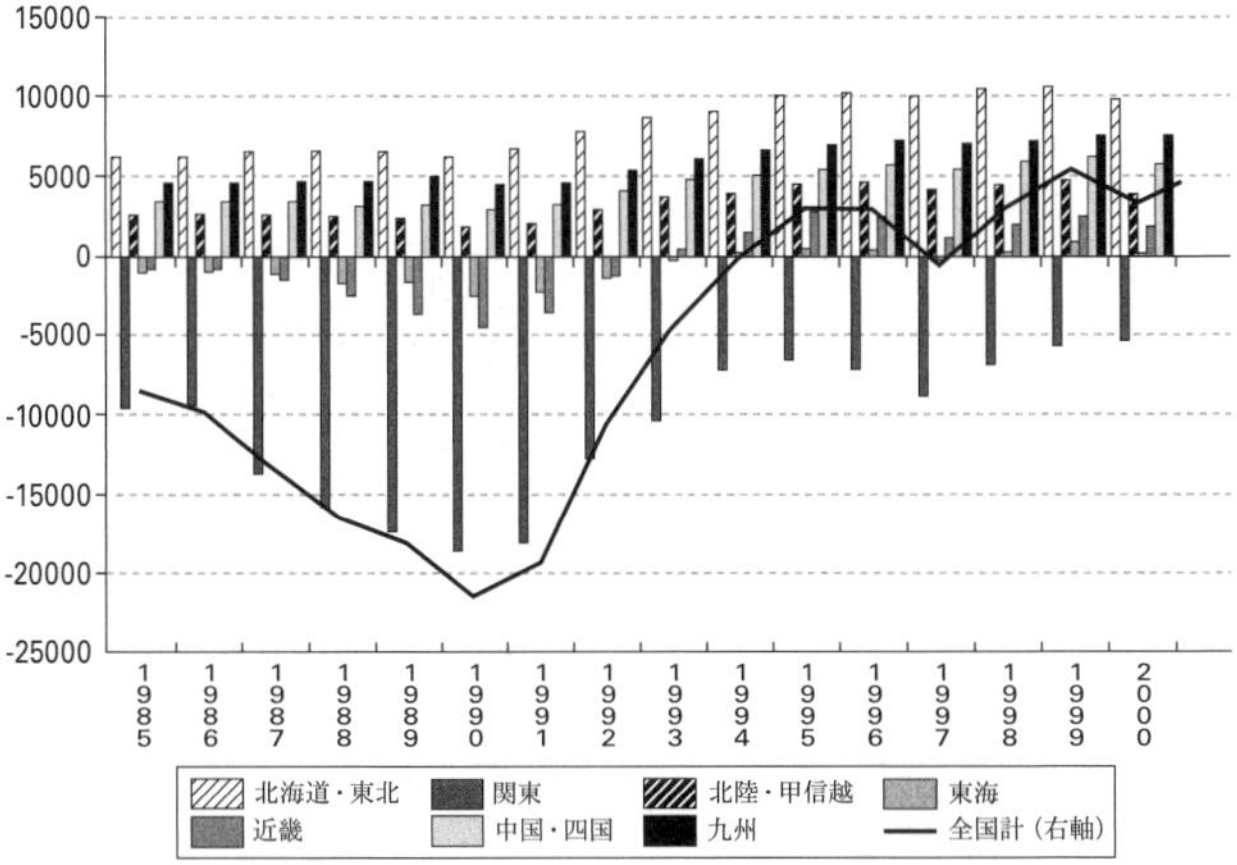


政府が地域の行政サービスのために払ったお金と、地域の人が納めた税金との収支を見れば一目瞭然です。この収支を「財政余剰」と呼びます。その地域の住民にとって、受け取る行政サービス（受益）が支払った税金（負担）よりも大きければ「受益超過」、逆に、支払った税金（負担）のほうが受け取る行政サービス（受益）よりも大きければ「負担超過」といいます。つまり、この指標では財政を通じた地域の損得が見えるようになっているのです。

図表1は筆者が計算した財政余剰の推移を示したものです。棒グラフ（指標は左軸）は各地域の財政余剰、各地域のものを合わせた全国計を表します。この図を見ると、関東地

方だけがずっと負担超過、つまり納めた税金が政府の支出を上回っていて、他の地方圏では受益超過が続いていることがわかります。ただ、バブル崩壊以降は関東地方の負担超過の度合いも小さくなっていて、折れ線で示した全国計を見ると、一九九四年以降はほぼ一貫して税負担よりも支出が上回っています。かつては都市が稼いで地方に分配するという構図が見られたのですが、もはやそれが崩れ、国も地方も借金に依存するようになっています。これは言い換えると所得の移転が都市から地方へという「地域間移転」から、将来世代から現役世代へという「世代間移転」へと変わってしまったことを意味します。

先ほど地域の損得という話をしました。かつては都市部が損をして地方部が得をする構造だったのですが、今はみんなが得をするような構造に変わったのです。もちろん、みんなが得をするような財政はありえないので、そのつけは将来世代が払うことになってしまっているわけです。都市も税収以上にお金を使い、地方もますます借金をしてお金を使う。国も同様で、財政規律が希薄化してしまったのがバブル崩壊以降の共通した特徴です。

## 増税するインセンティブがない

では、国と地方の財政は何が違うのでしょうか。それは「国は税率をコントロールするが、地方は基本的に考えなくていい」ということに尽きると思います。

実際に、国会議員の方と話をしていると「地方議員は楽でいいよね」という発言がしばしば出ます。「地方議員は増税を考える必要もなく、使うことだけ考えていればいい。こんな楽な商売はないだろう」というわけです。実は地方でも税率変更をすることは制度上できるのですが、そうするインセンティブがないのです。なぜなら財源の不足分は地方交付税を通じて補填されるからです。この違いは決定的に大きいといえます。

地方交付税について、図表2を見ながら少し説明を加えましょう。地方交付税交付金は、中央政府が考える最低限の行政サービスにかかる経費（基準財政需要額といいます）のうち、税収の七五％（基準財政収入額といいます）で調達できない部分を補助する、使途が自由な補助金です。最低限の行政サービスにかかる経費よりも基準財政収入額が多ければ、地方交付税は交付されません。このような団体を「不交付団体」といいます。

ここで、国と地方の関係を親子にたとえて図表3を使ってご説明いたします。地方から上京してきた大学生がいて、生活費が毎月一〇万円かかるとしましょう。この学生は毎月、親からの一〇万円の仕送りをもらって生活しているとしましょう。国と地方の関係でいうと、親が国、学生が地方で、アルバイト代が税収、仕送りが地方交付税といった関係になります。

### 図表2　地方交付税の仕組み

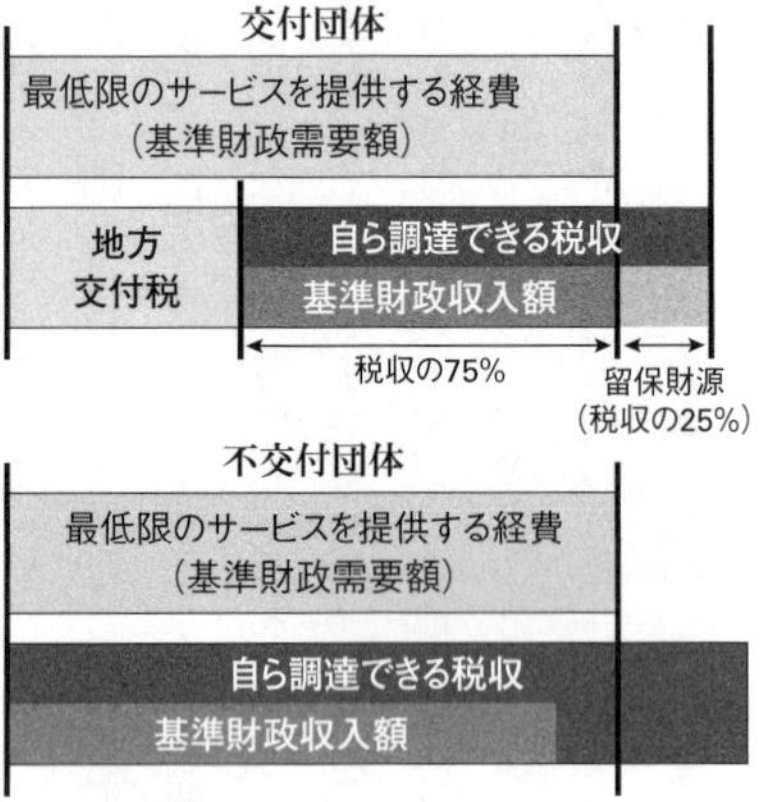


- 国が考える最低限のサービスを提供するための経費（基準財政需要額）と自ら調達できる税収（基準財政収入額）の差を交付。
- 基準財政需要額を上回る基準財政収入があれば、地方交付税は交付されない。
- これを不交付団体という。

出所：筆者作成

### 図表3　交付税のインセンティブ問題

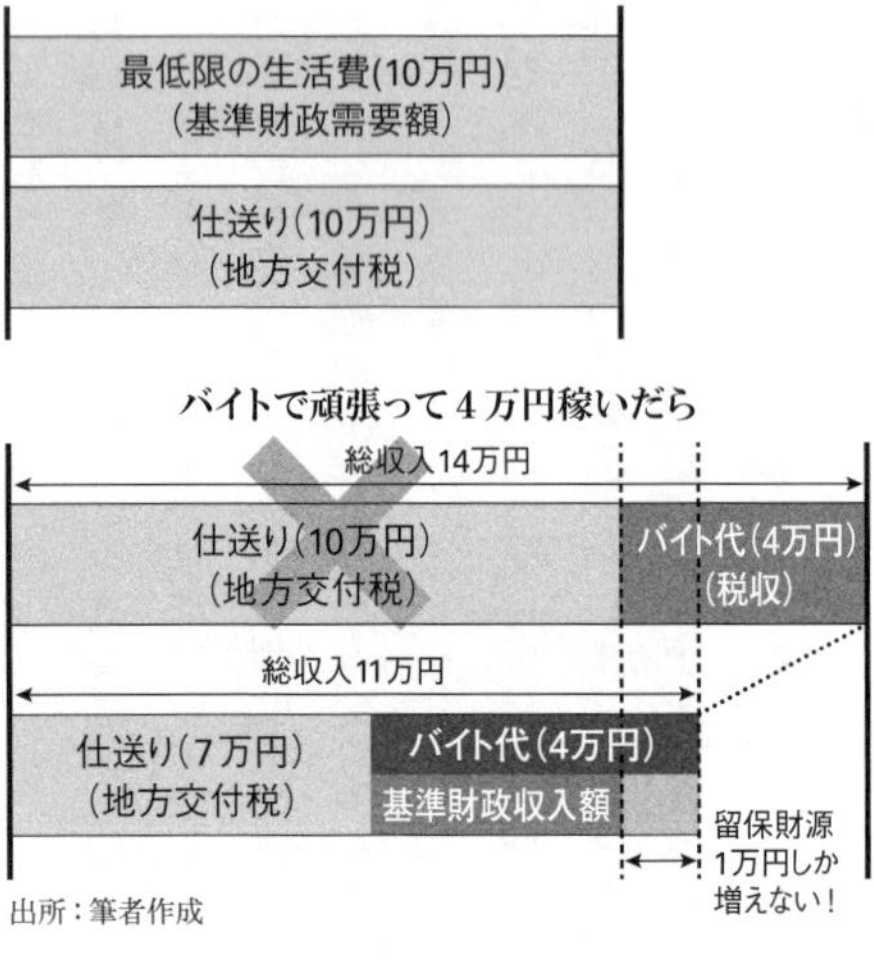


- バイトで頑張って4万円収入を増やすと、仕送りとあわせて14万円を使えるわけではない。
- 余裕ができた4万円のうち25%は自由に使えるが（これを留保財源という）、増収分の75%相当は、補助金をカットされる。

出所：筆者作成

ある月、この学生は時間のやりくりをしてアルバイトを増やし、四万円稼ぎました。つまり、四万円の増収になったのですが、今の地方交付税の仕組みでは、この増収分のすべてをこの学生は自由に使えないのです。地方交付税の仕組みでは、地方交付税を受ける団体の場合、増収分の七五％相当は地方交付税の削減という形で補助金がカットされるのです。つまり、増収分の二五％分しか余裕（これを留保財源といいます）が生まれないのです。先ほどの大学生の例でいうと、四万円分、頑張ってアルバイトをしたのに、一万円しか自由になるお金は増えないのです。時給一〇〇〇円でアルバイトをしても、実質的に時給二五〇円になってしまうようなものです。もちろん、親の仕送りは三万円減りますので、親孝行にはなります。ただ、このような仕組みですから、よほど親孝行な子でない限り、一生懸命努力をして収入を増やそうとはしなくなるのです。これが交付税のインセンティブ問題です。

もっとも、このような地方交付税制度には例外もあります。地方自治体が収入を増やす策として増税がありますが、国が定める標準税率（交付税の算定基準となる税率）を上回る「増税」をして税収が増えた場合については、それによって交付税を減額しないようにしています。つまり、自治体の自助努力へのインセンティブを削がない制度設計がなされているのです。しかし、実際に標準税率を上回る「超過課税」を行っている地方団体は非常に少なく、平成二二年度では地方税収のうちの一・三六％に過ぎません。その内訳もほとんどが法人対象の税を超過課税するタイプで、個人を対象にしたものではありません。

当然ですが、増税は住民には嫌われます。しかし、公共サービスを提供するのにもお金がかかります。必要なサービスを提供するには時には増税をしなければならない局面もあるのですが、地方議員の皆さんが住民から嫌われる政治的リスクを回避しているといわざるを得ない状況です。もしくは、足りないお金は国が補助してくれるので、地方議員にはそうしたリスクを取るインセンティブがないともいえるかもしれません。

実際に交付税をもらっていない「不交付団体」は、都道府県では東京都だけ（全都道府県の二・一％）、市町村も一七一八あるうちに五四しかありません（全市町村の三・一四％）。これだけ交付税をもらっていれば増税へのインセンティブがなくなるのも当然でしょう。やはり、親孝行な子どもは少ないのではないでしょうか（笑）。

## もっともリーズナブルな自治体経営ができる規模とは？

今度は地方が自力で収支を成り立たせることができる条件を考えてみます。まずはどれくらいの人口ボリュームが望ましいのか、「最適人口規模論」がどのように展開されてきたかを見てみましょう。

一九八〇年代後半から複数の研究者が、各自治体の一人当たりの歳出と、人口規模、面積など地域特性との関係性を推計してきました。

たとえば住民一人当たりの歳出と人口規模の関係を見て、一人当たりの行政コストが最小になる点を推計する研究が数多く行われ、この最小点を最適都市規模としました。一連の研究では、だいたい人口二〇万人から三〇万人の規模で、自治体のコストがもっとも安く収まるという結果が出ています。

当たり前に聞こえるかもしれませんが、人口が多くなると公共財にかかるコスト（公共財供給費用）の一人当たりの負担額は小さくなります。年間の維持費に一〇〇万円かかるプールがあったとして、人口が一〇〇人であれば一人当たり費用は一万円ですが、人口が一〇〇〇人であれば一〇〇〇円で済む、というわけです。逆に、人口が一〇〇人から一〇〇〇人に増えればプールが混んでしまって、のびのび泳ぐことができなくなってしまうかもしれません。これは経済学では「混雑費用」と呼んでいます。一人当たり費用の増減と混雑費用の増減の関係を見て、最適なバランスを導くのが最適都市論の役割です。

## 「自治体消滅論」の前提

日本創成会議が展開している「自治体消滅論」を、最適都市論の観点から考えてみましょう。消滅論の要諦は、人口が減少し規模の経済が働かなくなり、公共サービス（公共財供給）の一人当たりの負担が重くなるので、さらに人が転出して人口減少のスパイラルから脱することができなくなる、ということにあるのだと思います。

この消滅論について重要なポイントは二点あります。第一に、生まれてくる子どもの数より亡くなる人の数が大幅に多くなると（これを自然減といいます）、出生率が一定水準まで回復しても人口減は止まらないこと、第二に、地方から都市への人口移動（社会的移動）が続く状態、つまり社会移動が収束しない場合を想定しているということです。

第二のポイントの前提となっているのは、これからも地方から大都市への人口移動は減らない、もしくはペースは落ちても持続するという予測です。創成会議モデルでは人口移動率は減らないものとして試算し、半数の自治体が「消滅」する可能性が高いとしています。対して、社人研（国立社会保障・人口問題研究所）のモデルでは、二〇〇五年から二〇一〇年での移動率が、二〇二〇年までには半減するものとして推計されています。

ここからいえることは、創成会議あるいは、会議の座長を務める増田寛也氏が発表した通称「増田レポート」の力点は出生率よりもむしろ人口移動にあるということだと思います。裏を返せば、人口移動の流れを緩やかに、あるいは逆転させられれば自治体消滅は避けられると考えているということです。

ちなみに、社人研が人口減少率の半減を予想する根拠は明らかではありません。真偽は不明ですが、社人研は厚生労働省の研究機関ですので、厚労省の政策を大きく変えるような試算は出しにくいところもあるのかもしれません。人口動態は年金政策や医療政策にもダイレクトに関わってきますので、厚労省が公表する試算に合わせているのではないか、そのような見方もできます。

ある意味では、いかにして現実の移動率を創成会議モデルではなく社人研モデルのそれに近づけるかが、地域活性化や地方創生の目標になるともいえるでしょう。移動を抑えるためには、地域経済がある程度の強さを持っていないといけない。創成会議の提言には経済の力ではなく政策的に（悪い言い方をすれば無理やり）地方に人を連れてこようという意図が見えますが、私から見ると非常に官僚的な思考法に映ります。経済学の立場からいえば、現役世代の人を地域に惹《ひ》きつけるのは生産活動の活発さや賃金の高さです。これまでの日本の地域政策には、工場や観光産業を誘致するために補助金をたくさんつけて、無理やり移動を促す官僚的な色彩が強かったのですが、それではうまくいかなかったわけです。地域の生産力を高め、経済を再生して補助金依存度を下げるといったことが大きな課題になっていくと考えています。

## 産業連関表とは何か

地域経済を活性化するためには、その地域の基幹産業は何か、それ以外の産業はどうなっているかといった視点が重要です。その地域に入ってくるお金を増やして、出ていくお金を減らす。そのために有益なツールとなるのが産業連関表、とくに地方経済を考える基本となるのが地域産業連関表です。

産業連関表は、産業間（ＢｔｏＢ）の取引や、産業と家計（ＢｔｏＣ）との取引、地域内外の取引関係をまとめた統計表です。簡単に説明すると、取引には必ず売り手と買い手がいて、それぞれに「売った額」と「買った額」を表に埋め込んでいけば産業連関表ができ上がります。よく「東京オリンピック開催による経済効果」「阪神タイガースが優勝した場合の経済効果」といった「経済効果」「波及効果」の試算が報道されますが、これらの多くはシ

**図表4　産業連関表の構造**

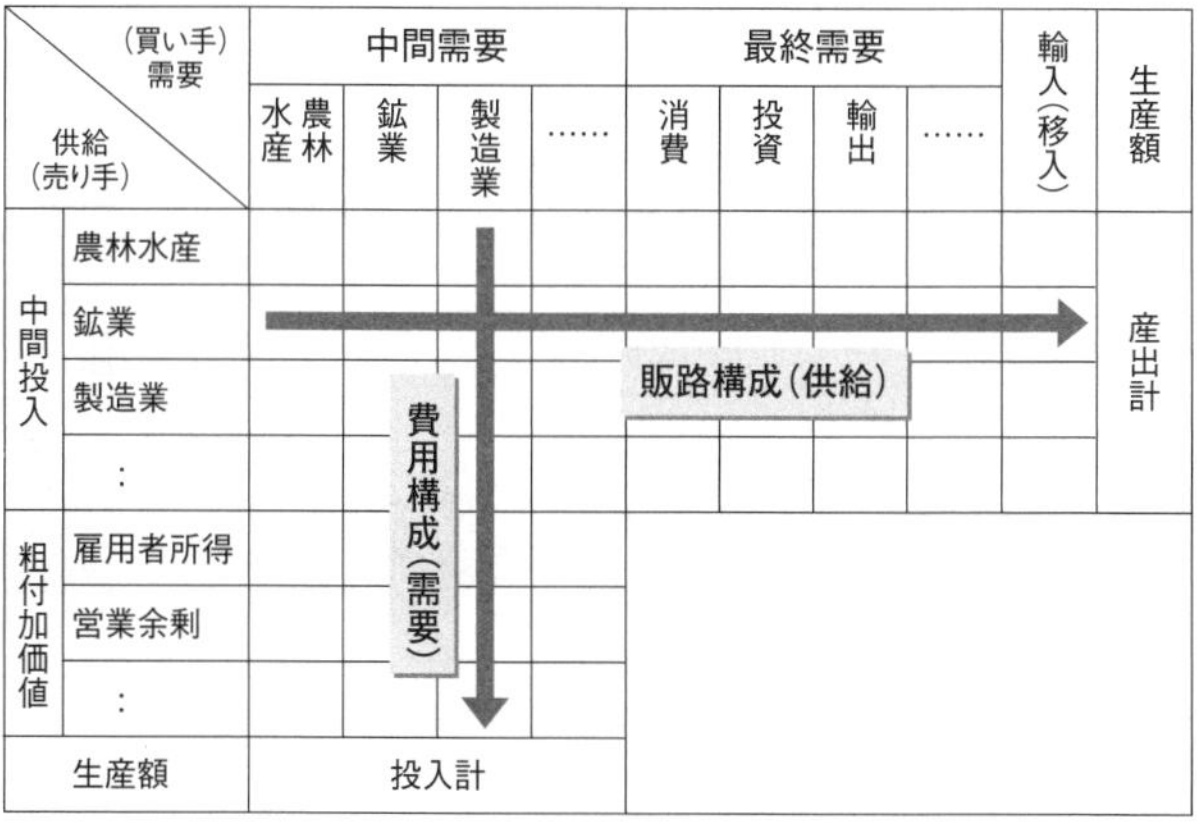


出所：土居英二他編著『はじめよう地域産業連関分析』（日本評論社、1996年）などを参考に筆者作成。

ンクタンクなどが産業連関表を使って単純な計算をし、まとめたものです。

図表4は、産業連関表の構造を表す模式図です。各マスには、取引額などの数値が入ります。表の縦方向は、生産のために必要な原材料やエネルギー（中間投入）をどの産業から調達し、労働や資本をどれだけ使ったか（粗付加価値）を示しています。生産に用いた費用の内訳（費用構成）と解釈することができます。たとえばある地域の製造業は、どの産業から原材料を調達し、労働や資本をどの程度使っているかがわかるようになっています。自動車産業はたくさんの部品で構成されていることはよく知られていますが、その部品が鉄鋼業やゴム産業などからどの程度調

図表５　波及のイメージ

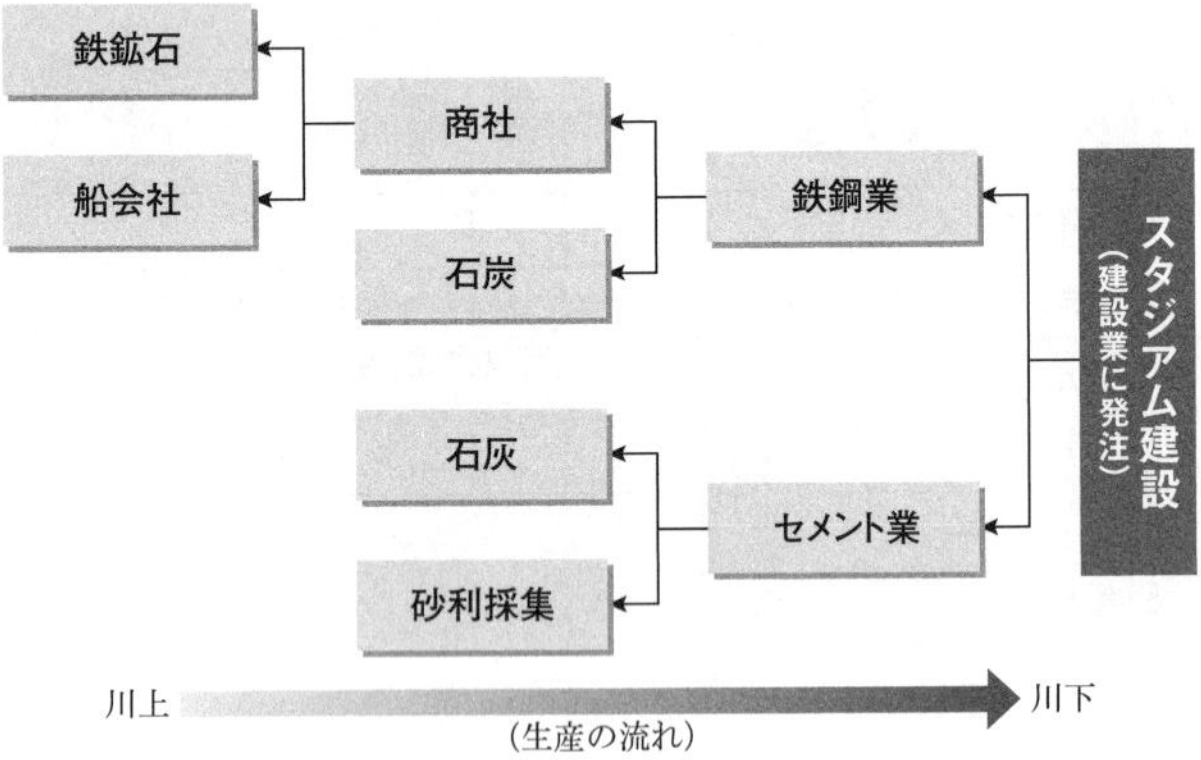


出所：筆者作成

達され、労働や資本をどれだけ使ったかがわかる構造になっています。

一方、表の横方向（販路構成）は生産した財・サービスがどの産業でどの程度使われ（中間需要）、どの程度消費や投資に使われたか（最終需要）を示しています。生産（供給）した製品がどこに販売されたかを表す、いわば販売経路と解釈することができます。たとえば、ある産業が生産したネジがあったとします。このうち自動車や電化製品の部品として使われるもの（中間需要）もあれば、消費者が日曜大工で棚をつくるのに使われるもの（最終消費）もあります。このように産業連関表の横方向の数値は、どの部門にどのような用途で使われるかを表しています。

新国立競技場建設を巡る迷走が続いていますが、

仮にスタジアムを建設するとなれば鉄やセメントが必要になるので、鉄鋼業者やセメント業者への発注がなされます。発注された業者は、セメントであれば石灰業者や砂利採集業者に発注します。そうやって、取引関係はどんどん裾野が広がっていくのですが、この広がりの全体を見て捉《とら》えたものが波及効果です（図表5）。

産業連関表を見ると、地域内で完結しているタイプの産業と、地域外との取引がさかんな産業、輸入しかしていない産業と輸出ばかりしている産業などが見えてきます。地域間の取引を見ていくと、特定の地域への依存度などもわかります。

また、いわゆるサプライチェーンの分析も産業連関表からすることができます。東日本大震災では東北地方の産業が操業停止となり、それが全国に波及していきました。世界の自動車向けマイクロコントローラーで四〇％のシェアを持っていたルネサスエレクトロニクスの那珂工場（茨城県）が被災し、部品不足で世界中の自動車工場で稼働率が大幅に低下したことがありましたが、そのような波及経路も産業連関表から見ることができます。最近ではBCP（事業継続計画）といって、企業が自然災害やテロなどで緊急事態に陥ったときに、事業を早い段階で復旧させるための計画が策定されることもありますが、BCPにも産業連関表が活用されるなど、ビジネスでの有効性があらためて注目されてもいます。

先ほどの「スタジアム建設」の例などは、川下（一般に最終製品に近いところを指す。元請け）で仕事が増えて、その下請け、さらに二次下請け、三次下請け……とどんどん川上に仕事が広がっていくタイプの波及ですが、サプライチェーンについてはその逆に、川上（下請け）で仕事が止まった時に、それが川下（元請け）まで波及していくプロセスを追いかけていく研究が最近ではさかんになっています。

ところで、先ほどシンクタンクによる経済効果や波及効果の試算の多くが単純なものだと申し上げたのは、増えた部分だけの積算になっているからです。たとえば、阪神タイガースの優勝で球場の入場者数や関連グッズ売上の増加などが見込まれることは確かですが、反面、遊園地の入場者数はその分減ってしまうかもしれないし、球場周辺ではない歓楽街では閑古鳥が鳴いているかもしれませんが、その分の減少は計算に入ってきません。増えたところだけを見れば増える、これは当たり前の話です。甲子園に行くために、どれだけ消費が切り詰められたとしても、そこはまったく考慮されていないのです。

産業連関表から読み取れるものとしては地域間の依存度や、地域内の特定産業への依存度、サプライチェーンが寸断されてしまった場合の影響などのほうが、経済効果よりもずっと重要なのですが、注目を集めるのは経済効果ばかりですし、地域振興などにも利用されている現状はやはり残念です。

## 公共投資は東京と地方の格差を是正しなかった

産業連関表などのツールを活用し、地域経済の特徴に合った経済循環を促進することが地域再生には必要だと考えますが、その際にカギとなるのは民間投資の活性化です。これまでは公共投資にその期待がかけられていたわけですが、なぜうまくいかなかったのかと考えると「公共部門は儲けてはいけない」というなかば神話化した通念があったからではないでしょうか。最近はそれが行きすぎて、逆に「公共性」の名の下で採算を度外視したとんでもない事業が行われているように思います。コンパクトシティ化のために、膨大な補助金を投じて街の中心に巨大な商業施設をつくるなどというのはその典型です。民間投資であれば初めから儲かる見込みのない事業は絶対に行われませんが、公共投資ではむしろ儲からないことほど行われてしまう傾向があります。

また、公共投資に合わせてシンクタンクが産出する需要予測もまた、投資主体の意向に沿うものを出してしまいがちです。私も以前、ある省庁の仕事を請け負うシンクタンクに勤務していたのですが、やはり発注者の意向に沿った数字を出すのが仕事で、そうでないと仕事がもらえず、淘汰されてしまうという現実がありました。しかしこのサイクルを続けていると、膨大な無駄がつくり続けられることになります。つくられるだけならまだましで、さらに莫大な維持費を納税者は毎年払い続けることになります。これほどの公共投資が行われたのにもかかわらず、いまだに社会資本が足りない、生産性が向上していないというのは、投資効率が悪すぎたことを証明していると思います。また、地域間の生産性格差も是正されていません。

この地域間格差について、経済学ではどう考えるのか簡単に触れます。結論から言うと、「市場が機能していれば、地域間の所得格差は長期的には解消される」に尽きます。価格は需要と供給によって決まるからです。

話を単純にするために、全員が同じ技能を持つ労働者が財を生産する状況を考えましょう。生産のために必要な労働需要が一定であれば、労働力（人口）の多い地域では供給超過となり、失業が発生するか賃金（労働に対する価格と考えます）が下がることになります。一方、労働力（人口）の少ない地域では、労働力不足となり、賃金を上げて労働力を確保しようとすることになります。つまり、人口移動が自由な地域経済では、賃金が均等化、すなわち、地域間格差が解消するまで移動が続くことになるのです。なお、この賃金と生産性は密接に関わっていて、経済学の基礎理論の教科書には、「利潤を最大にしようとする企業は労働の限界生産性と実質賃金が等しくなるようにする必要がある」と書かれています。つまり、限界生産性の違いは、賃金あるいは所得格差と捉えることができるのです。

限界生産性とは、労働や資本といった生産要素の投入量を一単位増やしたときに、生産量がどれだけ増えるかを示すものです。労働や資本の投入量が増えるにつれて生産量は増えていくのですが、やがて生産量の増加ペースは衰え、生産性が低下します。これを「限界生産力逓減の法則」と呼びます。

もう少し直感的に説明してみましょう。受験勉強や仕事で徹夜をした経験のある方もいるかと思います。最初の数時間は一時間当たりでたくさん覚えられるなど仕事もはかどるのですが、こうした作業が長時間になると、疲れが出てきて、同じ一時間勉強しても覚えられなくなったり、ミスが多くなったりした経験もあるのではないでしょうか。これがまさに「限界生産力逓減の法則」なのです。一時間という単位で勉強時間（労働量）を増やしたとき、一時間当たりで覚えられる量（生産量）が次第に少なくなっていく状態です。これは仕事でも同様です。ですから、長時間労働をして疲れた人に代わって、十分に休んだ元気な人に働いてもらったほうが、生産性が上がるわけです。こうした生産要素の移動によって、生産性が均等化するという考え方です。

図表6は地方ごとの限界生産性のギャップを比較したものです。ギャップとは、すべての地方で労働の限界生産性と資本の限界生産性が均等化した状態を仮定して、その値と実際の生産性が何%の差が出ているかを示したものです。理論的には限界生産性の低い地域から高い地域へ生産要素（労働者や資本）が移動するので、限界生産性が均等化しつつ、社会全体での生産量が増すことになります。図でいえばどの地域もゼロになっていれば、均等に分配された状況だといえます。

労働者の数を生産要素として見たものが上図、生産設備や機械などの資本を生産要素として見たものが下図です。

上図を見ると関東圏での労働の限界生産性のギャップが、他の地域のそれを大きく引き離していることがわかります。近年は北海道・東北がかろうじてゼロ近傍、他の地域はマイナスですので、働く人が増えても生産性はたいして上がらないことになります。

しかし下図で見ると、関東圏や大都市圏での限界生産性ギャップは必ずしも高くありません。一九八〇年代までは北海道・東北の資本の生産性が高く、その後はどこもゼロに収束しつつある傾向があります。しかし、労働力はそうではありません。

## 図表６　就業者数と民間資本ストックのギャップ率

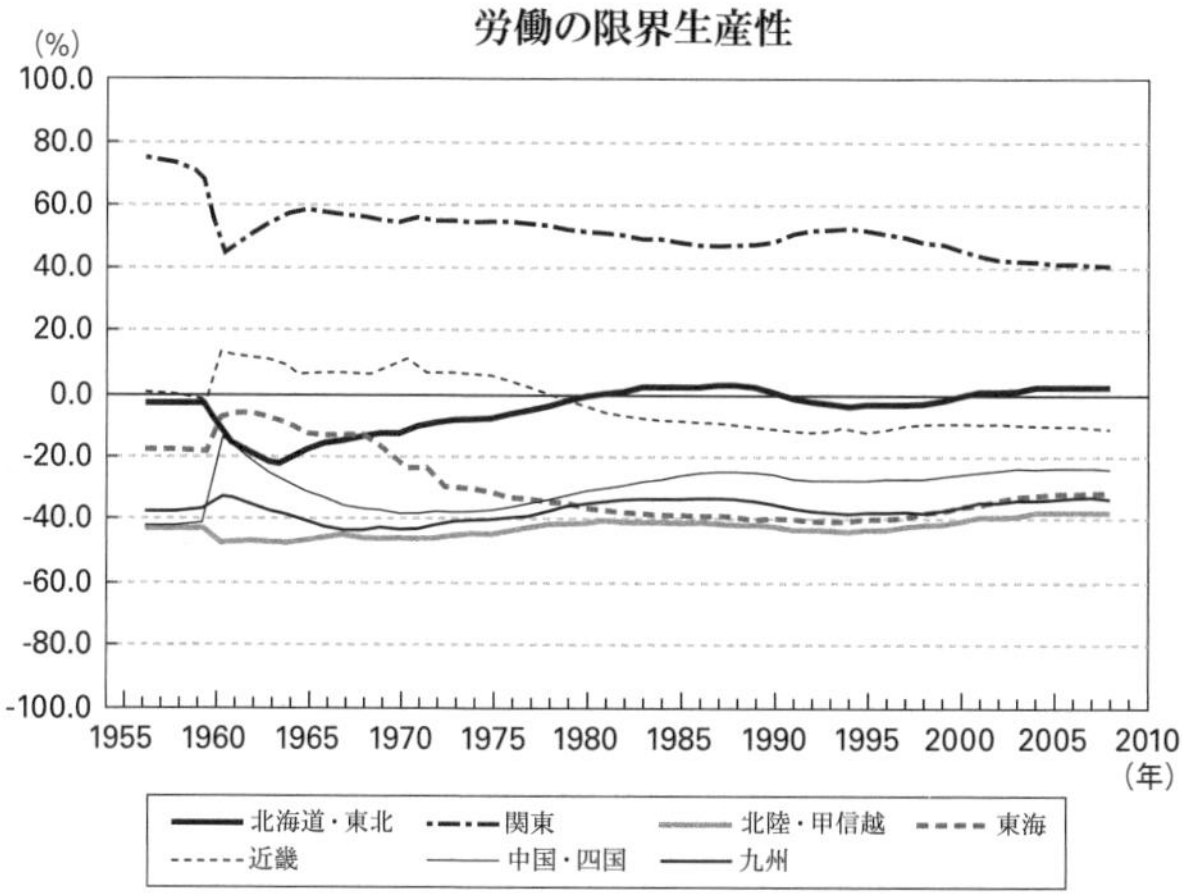


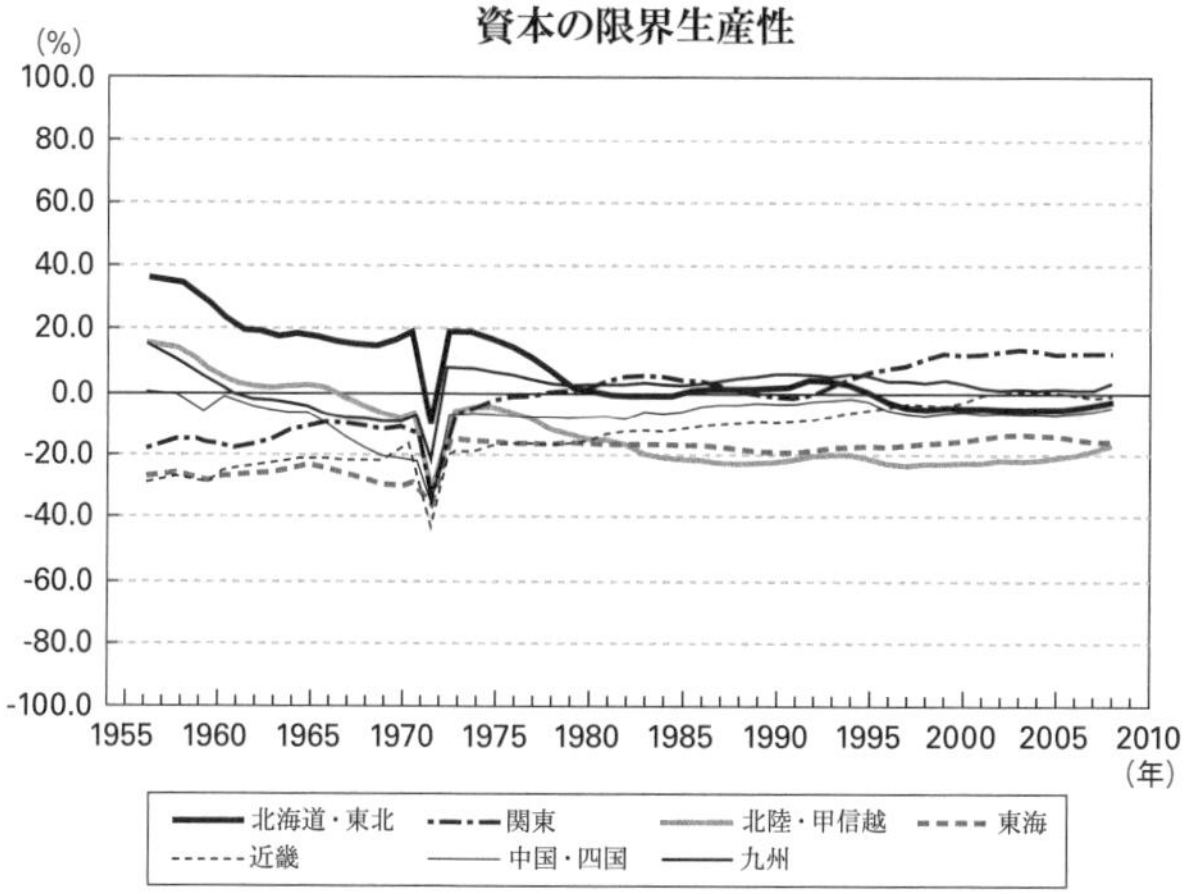


出所：川崎一泰『官民連携の地域再生』（勁草書房、2013年）第三章のデータを更新し作成。

これは、民間が生産性の高い地域に投資を振り分けたことで、資本の限界生産性は均等に配分されたけれども、人はそれほど移動せずギャップが残ったままになっていることを示しています。公共による社会資本投資は、地域の生産性を向上させて生産活動を活発にするために行われてきたはずですが、残念ながらそれは達成されていません。関東とその他の地方の格差が残ったままになっていることが、社会資本投資の失敗を裏づけているのです。

## 民のノウハウを公共サービスへ

ここで民間資金を活用した公共サービスの提供方法について簡単に説明しましょう。もともとは市場で競争にさらされてきた民間企業のノウハウを公共サービスにも導入し、質の高いサービスを提供することが目的でした。利潤を追求してきた民間企業は無駄な費用を抑え、質の高いサービスを提供してきたからこそ消費者に支持され、生き残ってきたわけですから、そのノウハウを公共サービスでも導入しようという考え方です。この考え方に基づき、さまざまな取り組みがなされてきたのです。

近年では、実際に民間の資本やノウハウの導入事例が増えています。たとえば、かつて、公共部門と民間部門がともに出資して株式会社を設立し、リゾート開発や地域開発などの公共的な事業を展開した時期がありました。このような会社を第三セクターといいますが、責任の所在が不明確なために「困ったらきっと行政が助けてくれる」といわんばかりの経営が行われたケースも多く、放漫経営といわざるを得ないところも多々ありました。失敗の多くは、公共部門が筆頭株主となって出資比率が高く、社長を市長や総務部長などが「充て職」のように務めるケースでした。また、収益性を度外視して地元企業を「ひいき」するケースも多いようです。必要な技術を持っていない地元企業に発注して、結局は東京の業者への丸投げになるといったケースもあったようです。

こうした失敗を受けて、最近は、ＰＦＩ（プライベート・ファイナンス・イニシアティブ）や指定管理者制度などが登場しました。大きな特徴は、公共部門と民間部門の役割分担です。公共部門はサービスの内容や水準を決め、それを監視するのに対し、民間部門はそのサービスをどのように提供するかを決めることになります。サービスの中身を発注し、やり方は任せるという意味で、このような発注方式を「性能発注」といいます。サービスを提供するために建物の設計・建設から民間に任せるのがＰＦＩであるのに対し、建物の設計・建設は公共がやるのが指定管理者制度です。

公共部門自らが施設を整備して運営するのではなく、民間資金も導入し、事業会社に整備

図表7　PFIの基本的な仕組み

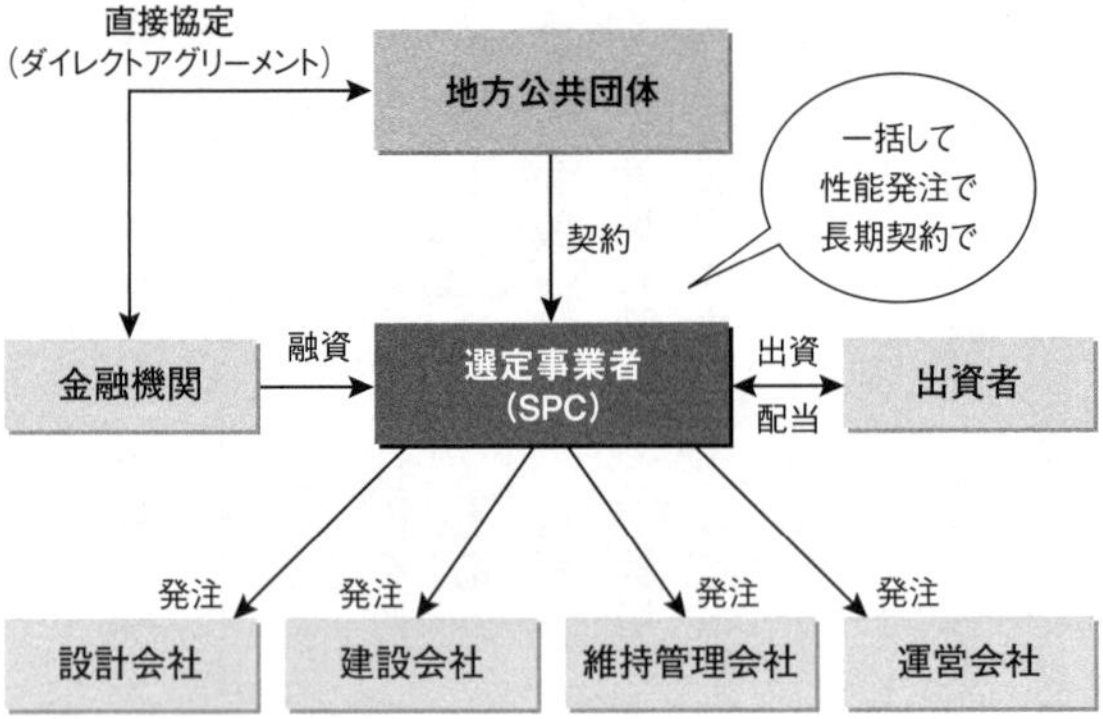


出所：内閣府「PFI事業の実施状況について」（平成26年6月）

から運営までを長期契約で外注することで可能となる、公共サービスのコスト削減とサービス向上がＰＦＩの狙いです。その仕組みの概要は図表7の通りです。しかし、これがいつの間にか新手のローン契約のようになってしまっています。

図表8の事業類型は内閣府による分類ですが、一番上の「サービス購入型」は公共部門と事業者との間で契約をして、事業者のサービス提供に対して毎月、あるいは毎年これだけの金額を払うというように取り交わすことになります。いくつかの図書館や児童館などがこの形式で運営されています。桑名市の中央図書館はＰＦＩの手法を採用して、設計・建設から運営までを民間事業者に任せているのに対し、武雄市の図書館は元からあった建物を利用して、サービス提供を民間事業者に

## 図表8　PFIの事業類型（事業費の回収方法による分類）

●**サービス購入型**

選定事業者のコストが公共部門から支払われるサービス購入料により全額回収される類型

●**独立採算型**

選定事業者のコストが利用料金収入等の受益者からの支払いにより回収される類型

●**混合型**

選定事業者のコストが、公共部門から支払われるサービス購入料と、利用料金収入等の受益者からの支払いの双方により回収される類型

出所：内閣府「PFI事業の実施状況について」(平成26年6月)

任せています。どちらも利用者から料金をとれないので、サービス提供に対する対価を公共部門が支払う形になっています。

ＰＦＩにはさらに「独立採算型」という方法もあります。公共部門と事業者とが事業契約をするのですが、公共からの委託料はなく、利用者の料金のみで運営されます。つまり、いいサービスをしてお客さんにたくさん来てもらえばより儲かるし、来てくれないと儲からないという仕組みです。民間のノウハウを導入するのであれば、本来は委託料などではなく利用者からサービス提供料を受け取るほうが望ましいのはいうまでもありません。この方式で運営されているのは、プールなどの利用者から料金をとれる事業です。さらにこの二つの「混合型」を含め、これらがＰＦＩの三類型です。

サービス購入型では事業者が「決まったことだけやればいい」となり、そこに民間の創意工夫を加えるインセンティブがなくなってしまう。他方、独立採算型はお客さんが増えれば収入が増えるため、創意工夫をするインセンティブがある。そのため、独立採算型がサービス購入型よりも望ましいということになるわけです。サービス購入型はお客さんが増えても収入は増えないし、むしろ忙しくなるので負担が増してしまいます。民間のインセンティブを引き出すのはやはり独立採算型のほうなのですが、最近のＰＦＩ事業では、ほとんどがサービス購入型でわずかに混合型があり、独立採算型は平成二四年度ではついにゼロ、絶滅寸前になっています。

## ＰＦＩという名のローンの横行

サービス購入型の最大の問題は、自治体の借金を見えにくくするための道具になってしまうことにあります。夕張市の経営破綻以来、総務省は地方自治体の財政の健全性を厳しく管理するようになっています。借金の比率（公債比率）が一定のラインを上回った自治体にはペナルティが科されるのです。地方自治体が自らインフラ整備をする場合、公債を発行して資金を集めなければならないので、公債比率は悪化します。ところがサービス購入型のＰＦＩは、公債を発行せずに段階的に事業者に費用を払っていく手法であり、銀行から融資を得るのは事業者のほうです。そのため自治体の借金に算入しなくてよくなります。こうしたことを防ぐために国も将来負担比率（地方債以外の将来費用負担が発生するものも含めた財政指標）を計算させるなどの対応をしているものの、公債比率と比べると一般には注目を浴びていないのも事実です。

これにより、民間のノウハウやアイデアを導入するというよりも、一般会計の外で借金をするようなものに変質してしまっているといえます。また、このやり方で始まった事業を、請け負った企業と契約解除することで中止にすることは、企業が負担したコストを公債などにより返済しなくてはならなくなるためほぼ不可能です。

融資する銀行には「行政と契約している事業だから」という安心感もあるのだろうと思いますが、責任の一端は彼らにもあると思います。地方自治体の借金付け替えを公、民、銀行と三位一体で行っている、非常にまずい状況です。

## 人々はなぜ「まちなか」に行かなくなったのか

ここまで見てきたように、「公」の絡む投資ではインセンティブの設計が歪んでしまいがちです。基本はやはり民間主導の投資が増えることですが、その前提として地方の元気のなさの象徴になっている中心市街地の衰退を冷静に分析する必要があります。

中心市街地の活性化を目的として、しばしば大型ショッピングセンター（SC）の出店規制などが行われますが、たとえSCの出店を規制したところで、アマゾンや楽天といったECサイトまで規制することはできません。「商売敵を入れない」ことでは活性化は達成できないのです。

中心市街地の商店街に人々が行かなくなった理由としてよく挙げられるのが「駐車場がない」ですが、中心的な課題とはいえません。結局は「楽しくない」に尽きるのだと認識する必要があるでしょう。安くもなければ個性もない。ただ商品を並べているだけ、「いつの時代の服だ？」というような商品ばかりがある店に、わざわざ買い物をしに行く人はいません。そういう個性のない店が、役所や学校などと独占契約を結び、学校の体操着や文房具の販売店に指定されていたりするわけです。ここでもまたインセンティブが歪んでしまうのですが、そこでは「なぜ人は商店街に行くのか」という問いが決定的に欠けています。さらに地元の要望を聞いてしまう議員の存在が、問題から目を背けて行われる「公による活性化」を助長しているともいえるでしょう。ここでも「地元優先」の大義名分のもと、市場を歪めてしまっているのです。

しかし、元気のいい商店街の多くは、地元の人たちが出資して整備や運営がなされています。高松市の丸亀町商店街の再開発では行政からの出資を五％にとどめているし、長浜市の黒壁スクエアを運営する株式会社黒壁は民間六九％の出資に対し長浜市は三一％としたように、それぞれ第三セクター方式による再開発であっても民間主導を重視しています。実際に現地を訪れてみると本当に人が集まっていることがわかりますし、問題が駐車場のあるなしではないことが確認できます。郊外にはＳＣもありますし、それらを排除した上での繁栄でもありません。

やはり自分のお金で、自分の責任で投資をすることが重要なのだと思います。旧来型の三セクの失敗は、人のお金で、かつ責任の所在が曖昧だったことに原因があります。

## 海外で行われている官民連携の手法

だからといって公的支援はまったく不要というわけではありません。ＰＦＩや、指定管理者制度などのＰＰＰ（パブリック・プライベート・パートナーシップ：官民連携）のみならず、たとえば規制緩和や、民間の意欲を削がない新しい形の出資など、工夫が求められています。ただ、間違っても設立されたまちづくり会社の社長に、市長や副市長が就任してはいけないのです。

欧米では、徴税の仕組みを使って商店街の会費を調達するといったこともなされています。裏返せば、行政サービスではたいしたことをやってくれないので、街の清掃、防犯カメラの設置、治安維持のための警備員の常駐といったことは、民間の費用徴収で賄われていることが多いのです。

そうした枠組みの一つに「ＢＩＤ（Business Improvement District: 商業改善特区）」があります。ＢＩＤは地区全体の合意をもとに、メンバーが負担金を固定資産税に上乗せして払うことで、ビジネス環境の改善に向けた取り組みの費用をまかなう仕組みです。ニューヨークではタイムズスクエアなど一〇以上のＢＩＤが設定されていますし、サンフランシスコのケーブルカーとその沿道の整備などにも導入されています。公共部門の力は使うのだけれど、その力を何にどう使うかは地域で決められることに大きな特徴があります。日本では蜂の巣の除去に至るまで行政に要望が来ますが、こうしたＢＩＤが設けられている地域では、行政側も「それはできない」とはっきり言う。追加的なサービスは自分たちで負担しなければ何も改善しないということを、お互いに了解し合っているということなのです。

日本の自治会や商店街組合のように、任意加入にするとタダ乗りをする人が現れるなど、会費を払わない人への徴収コストはそれなりにかかります。しかしＢＩＤは固定資産税に上乗せしているので、徴収問題は起こりません。また、日本の商店街の場合は運営費をテナントから徴収しますが、ＢＩＤは建物の所有者から取っているので、所有者もしっかりと収益性のあるテナントを求めるようになる意味で優れていると思います。公共部門からの力の借り方として有効ですし、日本でも不可能ではない仕組みです。

また、「ＴＩＦ（Tax Increment Financing）」も面白い手法です。これは治安の悪化や建物の老朽化などで地価が下降している地域で再開発事業をするときに、再開発後に予想される地価上昇分を担保にして債券を発行し、民間から資金調達する方法です。ＴＩＦ開始時に財産価値がもっとも安くなったとすると、行政はその資産価格分の固定資産税収だけは取りますが、そこから価値上昇した分の税収については債券の利払いと償還にのみ使います。

ＴＩＦのポイントは、思ったほど固定資産税が増えなかった場合には利払いも小さくなるということにあります。それだけに投資する側も、その再開発事業に地価を上昇させるだけの価値があるものかどうかを真剣に見極めることになります。つまり「開発利益」に対する課税として位置づけることができます。リスクはすべて投資家側の負担となるので、マーケットはシビアに反応しますし、行政も投資家に真剣に対応せざるを得ません。ある種の緊張感のある手法ですが、米国の都市開発では広く利用されています。金融商品としても公債よりも平均二％ほど上乗せがあるようで、かなり魅力的であるそうです。何よりもプロジェクトが魅力的でないと成立しないということが重要です。

シカゴ市の中心市街地ではこのＴＩＦを使った再開発事業が数多くなされたり、シカゴ大学周囲など治安が悪い地域に、ＴＩＦなどで得た資金で住宅供給などが行われました。こうした施策で中心市街地に人が戻り、シカゴの治安が回復したことが最大の成果だといわれています。

また、アメリカでは「空中権」を設定して、権利を売却もしくは賃貸することで保全の費用を捻出することが多々あります。空中権とは、歴史的建造物の復元などでは高層建築になりにくいので、規制値よりも容積率が大幅に小さくなることがあります。この使われなかった余剰容積率を「空中権」として売却し、買った企業が周囲に高層建築物をつくるときにその容積率を足すことができるという仕組みで、日本でも東京駅再開発で導入されています。このように柔軟な土地利用を可能にすることで、景観を守ることもできるし、再開発の価値を高めることもできるのです。

日本でも公共インフラの老朽化が問題になっていますが、ＴＩＦなどの民間資金の導入は検討すべき手法であると思います。

## 公共交通を税で賄う

公共部門の役割を再確認させるのが、フランスで行われている「交通税（ＶＴ、あるいは「Transport Tax）」です。地域の公共交通網を整備する費用を目的税で調達する仕組みで、一九八二年にフランスの法整備が行われた中で導入されました。この法律では「人が自由に移動する権利」を「交通権」として明文化しています。従業員九人以上の企業から支払い給与総額の一定割合を税として徴収して、すべて公共交通網の整備のために使われます。

これにより、人口でいえば二〇万～三〇万人の中小都市に、ＬＲＴと呼ばれる新型路面電車が整備されました。日本ではこの規模の都市ではバスが主な公共交通として使われ、次第に衰退していくものなのですが、便数も確保された低価格の交通網ができると、人々はやはり買い物などに街に出ていくようです。日本でも富山市の事例が有名ですが、目的税を財源に資金調達がなされることで、採算性も厳しく審査され、オーバースペックになりにくい。とはいえ公共交通事業は単体では赤字になるのですが、赤字の部分を交通税で補填するシステムです。また、公共交通網の整備は道路の渋滞を緩和しますので、担税者にも利益となります。

富山市はＬＲＴを軸にしたコンパクトシティの代表格として取り上げられることも多いのですが、統計を見ると人口密度は非常に低く、財政効率もあまり良くありません。これでは財政がもたないことに気づいた市長さんが、ＬＲＴなどで半ば無理やりコンパクト化しようとしているのだと思いますが、現状は人のあまり住んでいないところを走っている状況です。市電の富山地鉄との接続が進められていますが、それで少し利便性は変わるかもしれません。

フランスでは人口二八万人のナント、二六万人のストラスブールで交通税によるＬＲＴの整備がなされました。ナントの都市圏人口は五五万人、ストラスブールは四五万人で、いずれも日本で衰退気味の県庁所在地にありがちなサイズでもあります。日本ではこのくらいの

図表9　中央政府の財源　〜2011年OECDデータ〜

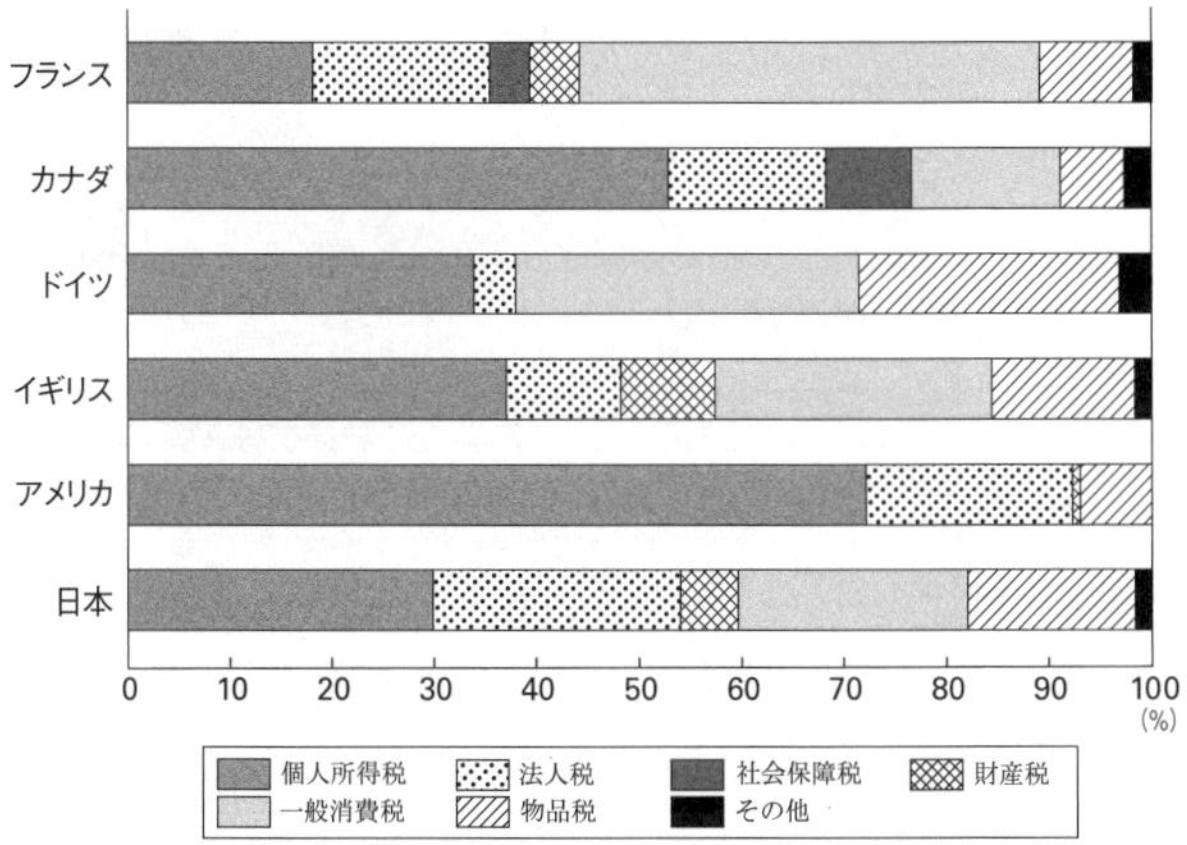


出所：OECD Revenue Statisticsより作成

規模の都市が自立できないのだとすると、相当困ったものです。

## 税源の国際比較

地方都市の独立を考えるためには、地方政府の税源がどのようになっているかを考える必要があります。OECDのデータから国際比較をしてみましょう。

図表9は中央政府の財源、つまり国税です。これを見てみると、おおむね所得税、一般消費税、法人税など、景気が良くなれば増える税収が多くを占めていることがわかります。対して、図表10に示されている地方税はかなりまちまちですが、住民に近い基礎的な自治体ではほとんどが財産税（日本の固定資産税

図表10　地方政府の財源　～2011年OECDデータ～

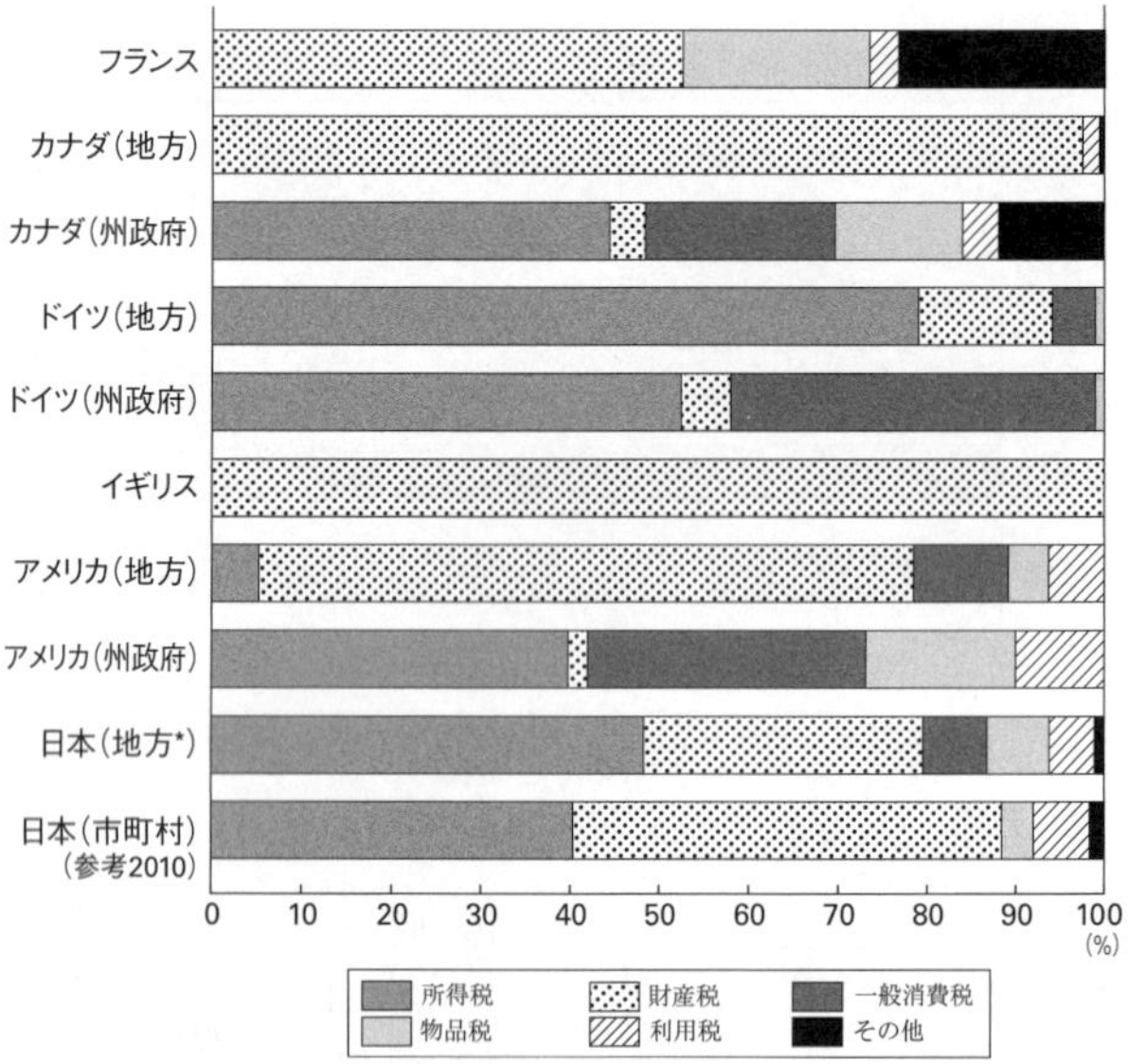


出所：OECD Revenue Statistics より作成

＊OECD統計では、日本の地方政府は都道府県と市町村を合算したものとなっている。
そこで市町村だけを取り出した数値を参考として掲載した。

や自動車税などがこれに相当する）が主な財源になっています。つまり国家レベルでは景気対策や再分配で国民に富を分配するのに対して、地方自治体は人を地域に惹きつけて自然と地価が上がっていくような政策を考えなければいけない、そのような仕組みになっているということがわかります。

実は日本でも、市町村税収のほぼ半分くらいは固定資産税です。しかし、そもそも課税対象が固定資産の三～四割に過ぎないといわれています。日本の固定資産税には小規模宅地などのいろいろな特例がありますし、商店街の店舗兼住宅などは住宅部分が半分を占めていれば小規模宅地とみなされます。小規模宅地の特例は二〇〇平方メートルまでは課税標準の六分の一、二〇〇平方メートルを超えた部分は三分の一となる制度ですが、二〇〇平方メートルといえばかなりの豪邸ですから、ほとんどが小規模宅地になってしまいます。

本来は自治体もしっかりと課税しなければいけないはずですが、そこで無理しなくても地方交付税で補填されてしまう構造があるので、インセンティブがしっかりと働かない設計になってしまっています。老朽化して倒壊の危機がある住宅がそのまま放置されたり、空き店舗がそのまま商店街に残り続けるのも、そのほうがお金がかからないからです。保有コストが異様に低いのは農地にもいえることですが、これらが弱者保護の名目で新陳代謝を阻害し、地域再生の芽を摘んでしまっているのではないでしょうか。

## 適正な負担を受益者に求めるべき

交通税がそうであるように、「受益者負担」の原則はとても重要です。交通税を納めることで地域に人が集まって事業も活性化し、地価も上昇すると思うからこそ担税者も納得できる。地方の公共サービスが整備されることの便益が、最終的には地価の上昇に帰着することが明らかであれば、税という形で投資を行うことのインセンティブを促します。こういう応益税、受益者負担の仕組みがないと民間は投資しにくいだろうと思います。ＰＦＩ事業のサービス購入型の場合、応分の負担が伴わないのでサービス向上ももたらさない。お互いに不幸になる関係性といえるでしょう。

日本での固定資産税の軽減措置には小規模宅地の特例以外にも、農地特例、激変緩和措置（負担率調整措置）などさまざまなものがあります。こうした軽減措置は「庶民の税負担軽減」として評価されがちですが、開発による利益がうまく税収に結びつかない要因にもなっていて、結果として地方を衰退させている面があります。

地方分権もしきりに議論されていますが、行政コストを払うために地元から適正に税などを集めることについてはほとんど誰も発言せずに、他から降りてくる予算を使うことに関して分権化しようとしているように映ります。徴収についても分権化しなければならないでしょうし、地域においては従来型の無責任な半官半民ではない官民連携が必要となるでしょう。

ここまでの話を五つのポイントにまとめてみましょう。

・弱者保護の名の下で地域再生の機会を失っている

・受益者に応分の負担を求めなければ民間は投資しにくい
・応分の負担がなければ、サービスも向上しない
・公的資金を使うだけの地方分権は意味がなく、費用を徴収するほうも分権化しなければ事態は好転しない
・地域再生こそ官民の連携が必要

中央から地方への再分配がすでに限界を迎えている中、将来世代からの前借りに頼らずに地域自らの力で再生するための思考の転換が求められているのだと思います。

## 対談

川崎×飯田

### 望ましい人口密度とは

**飯田**　ありがとうございました。ＰＦＩの裏側やＢＩＤ活用のための条件など、とても参考になりました。いくつか気になった点を質問させてください。

都市の最適人口規模が二〇万〜三〇万人というのは、平成の大合併以降の市町村合併の根拠になっていると思うのですが、面積や人口密度についての最適規模の研究は進められているのでしょうか？

**川崎**　面積の最適規模は、複数の行政の財政にまたがっている地域を面積で捉えることの困難があるのと、そもそも面積と財政の相関があまり高くないことから、研究はそこまで進んでいないですね。単純に面積で見ると山地まで入ってしまいますので、可住地面積のほうがむしろ相関は高いです。

**飯田**　都市圏の生産性や効率分析では、「ＤＩＤ（Densely Inhabited District：人口集中地区）」の概念が使われますよね。しかし日本のＤＩＤの基準は、都市化が進んだ現在では少し緩すぎる――それほど人口密集地という感じがしないところまでＤＩＤとされてしまうという問題があると思います。

**川崎**　おっしゃる通りです。国勢調査では「市区町村の区域内で、人口密度が一平方キロメートル当たり四〇〇〇人以上の基本単位区が、互いに隣接して人口五〇〇〇人以上となる地区」をＤＩＤとしていて、国土交通省もＤＩＤを生活圏域の基礎にしようとしています。しかし研究では、財政効率の改善がはっきり見られるのは五三〇〇〜五五〇〇人くらいの規模です。先ほど触れた富山市の場合はＤＩＤの面積は一九九〇年代まで拡大してきたのですが、人口密度はむしろ下がっていて全国の県庁所在地でもっとも低密度、一平方キロメートル当たり四〇〇〇人をわずかに超える程度なのです。

**飯田**　一平方キロメートル当たり四〇〇〇人で合計五〇〇〇人という条件では、ニュータウン一つあれば満たしてしまう密度ですね。

**川崎**　そうですね。のっぺりと戸建てが建っているだけでも、条件を満たしてしまうところもあります。

**飯田**　現状の地方都市でいえば、駅前と商店街、市役所周辺くらいまでしか含まれないような「集積地・中心街」を定義して、それによって研究者も行政も実証分析を進めていく必要がありますね。

**川崎**　その通りだと思います。ＤＩＤ地区の人口密度については統計があるので、それで把握してしっかりと都市計画をするべきなのです。

## 公共による「借金の付け替え」

**飯田**　ＰＦＩやＰＰＰには、これまで市場に晒《さら》されてこなかった公共サービスに民間のノウハウを導入するという美しい名目があったはずですが、どうも違うものになってしまっているようですね。従来は各自治体の負債としてカウントすべきところを、選定事業者の負債に付けかえることができる。実際には、税金や交付金からサービス料を支払って、それを事業者が返済に使うわけですから、自治体の負債以外のなにものでもない。川崎さんもおっしゃったように、PFIを用いて設備をつくらせて、途中で契約を解除するということは不可能に近いわけです。すると、選定事業者といいながら事実上は行政の子会社と同じことです。子会社なら、会計を連結させなければいけないはずなのに、しなくていい。これは制度としてはかなりの欠陥です。さらに、サービス購入型では、何をするのかは自治体が発注する「仕様」で決まっているわけですから民間活力云々《うんぬん》とはまったくつながらない。ある地方都市に行ったときに、講演会場の施設使用料が異様に高いのでなぜかと関係者に聞いたんです。「利用者が少ないので、学校や自治会で借りて運営費を頭割りにしている。利用者が減っていくので使用料もどんどん上がっていく」という答えでした。

**川崎**　公共部門だけで回しているわけですね。民間のノウハウでもっといいサービスができるといって始まったことなのに、寂しい限りです。

**飯田**　武雄市図書館のあとを追うように、選定事業者をCCC（カルチュア・コンビニエンス・クラブ）にしたいわゆる「ＴＳＵＴＡＹＡ図書館」が全国にできそうな勢いです。公共の内部だけで回しているよりはいいという意見もあるようですが、そもそもが収益事業ではありませんから、結局はどのようなサービスを発注するか次第になってしまう。これまでのような半官半民会社をまたつくるよりは、行政だけでやったほうがまだ選挙という審査を受ける分だけ責任が伴うのではないか、そんなレベルの事業が多すぎますね。むしろ、集客が事業者の利益に直結するような部門――たとえばプール運営における民間フィットネスクラブとの混合型契約などが広がっていくほうがＰＰＰ、ＰＦＩの本来の利点を生かすことができるでしょう。

その一方で、自前で商店街整備をされている人や、起業して間もない企業人であれば、補助金は欲しいに決まっています。でも補助金をもらう代わりに大量の書類を書かされた挙句、「これはやってはいけない」といろいろな枷《かせ》をはめられてしまう。そのような紐付きの補助金も多そうですね。

## 補助金依存を脱却するためには

**飯田**　資本の限界生産性よりも労働の限界生産性のほうが地域間格差が大きいというお話が

ありましたが、やはり労働は動きにくいというわけですね。民間資本はより儲かるところにすぐに移動するので、生産性格差は自然に縮小していく。一方、労働はそうではありません。労働力の移動を妨げてきた一つの要因が地方への公共事業による再分配ではないでしょうか。公共投資の限界生産性も東京周辺エリアだけが高く、公共事業に収益性があるという研究がいくつかあったように思うのですが。

**川崎**　おっしゃる通りです。

**飯田**　何もしなければ、人は一番儲かるところに向かうので三大都市や福岡などに集中します。それを防ぐために、非効率でも補助金や公共事業で地方に人口をつなぎ止めてきた。このシステムを是正するもっとも簡単な方法は補助金や公共事業を止めてしまうことなのでしょうが、これでは一部の都市圏にしか人が住まなくなってしまう。一極集中を回避しつつ、補助金依存体質から脱却するためにどうすればいいのでしょうか。

**川崎**　補助金は先ほど見た財政余剰の図からもわかるように、もはや持続可能ではないですよね。座して衰亡を待つか、生産性を上げるための投資を今から行っていくのかの二者択一なのだと思います。

**飯田**　現状のまま財政がお手上げになれば、文字通りの東京一極集中、最近の言葉でいえば

「極点社会」になってしまうわけですよね。それを「地方消滅」と名づけた創成会議の問題提起は非常に大きな意義があったと思います。「財政破綻」といわれてもどこか他人事だった人たちまで惹きつけてしまった。

**川崎** 確かにインパクトがありましたよね。

**飯田** 読んでみるとそこまでショッキングな内容でもなく、人口流出の問題にしても介護難民の問題にしても、これまで言われてきた危惧をまとめ、従来型の地域振興策の限界を指摘しているものだと思うのですが。

## 結局はリーダーシップを執れる人がいるかどうか

**飯田** 丸亀町商店街（高松市）や長浜市の活性化の事例で、よく実現したなと感心するのは合意形成です。商店街の商店主自身がやる気になってくれないと、まちおこしはそもそも不可能です。継続的な改革案には合意できず、結局イベントものでお茶を濁すまちおこししかできない。これが危機的であるというのは誰でもわかっていると思うのですが、それでも合意形成に至るだけの熱がない。

**川崎** 商店主の中には、困っている人はそれほど多くないですから。

**飯田**　人によっては、シャッター店や開店休業状態でも、駐車場やマンションの家賃収入があったりする。困っていない人も多い中で合意形成するのはとても難しいでしょうね。

**川崎**　丸亀町商店街も長浜もそうなのですが、結局は「人」がいるかいないかだとはいわれますね。強力なリーダーシップと問題意識を持った人が現れて、みんなと話をして説得する。でもそれが難しく、やはり骨の折れる仕事です。

**飯田**　そうですよね。さらにどこかに成功例があったりすると、全国から視察に来て、市で主導してコピーをしようとする。

**川崎**　成功している商店街にはアーケードがあるからといって、まず屋根からつくってしまったりします（笑）。

**飯田**　自治体主導のまちづくりは典型的な「楽しくないまち」を生み出しがちです。既存の商店をすべて残して、年に数百万円の維持費がかかるアーケードをつけたところで、面白い商店街になるはずがないですね。

**川崎**　民間のショッピングモールでは売れない店はすぐに替えられてしまうけれど、商店街は入れ替わらないからますます衰退してしまう。

**飯田**　オーナーが話し合ってテナントを貸す――つまりは自分で商売をするのではなく、商売ができる人にやってもらうことを決めた商店街は比較的残っているといわれます。家賃を払えるだけの儲けがない店は出ていかざるを得ないですから。誰にも貸さずにお年寄りが細々と続けているところはやはり衰退していますよね。後者の商店街にたまに入ってくるのはコンビニかチェーン居酒屋か、そしていずれチェーン店すらいなくなるというひどい状況になりがちです。

## 地方の税収を増やす改革が急務

**飯田**　地域の地価を上げるという目標が、一番みんなで共有しやすいと思うのですが、なぜか「交流人口の増加」といったお金の絡みにくいところに落とし込まれてしまいがちですよね。

**川崎**　やはり「公共は儲けてはいけない」という観念が強すぎるのではないでしょうか。

**飯田**　でも公共部門としても、地価が上がって固定資産税収入が増えることで助かるはずなのですが……。

**川崎**　そうだと思います。本当は地価上昇を目指すべきだと思います。

**飯田**　地方が固定資産税を徴税することに積極的でないことと地価上昇が目標にならないこ

とは裏表で、結局は交付税交付金のほうが大きいからですよね。

**川崎**　地方に行けば行くほど圧倒的に大きくなりますね。

**飯田**　地方税収が上がると地方が助かるというモデルにしていかないと、なかなか変わらないでしょうね。

**川崎**　そうですね。今まさにそういう研究をしているのですが、日本では地価上昇と固定資産税収増にあまり相関がないのです。特別措置による減免が多すぎて相関性がなくなってしまっているのです。

**飯田**　すさまじい税制ですよね。本来は「地価×税率」が固定資産税収になるはずなのに。

**川崎**　都会になればなるほど減免が効きますし、激変緩和措置もあるのでますます税収増につながらないのです。宅地にしておけば固定資産税が六分の一になるのであれば、ボロボロでも取り壊さずに残しておくのが当たり前です。

**飯田**　やはり空き家だけでなく商売をしていない店舗も適用外にしないといけないですよね。

**川崎**　空き店舗もそうですが、保有コストを負う形にしないと中心市街地は歯抜けになってしまいます。

**飯田**　倒壊や火災発生時の延焼の可能性が高まってしまいますから、都市防災の面からも制度変更が必要なのですが。

**川崎**　なんとかしなければならないとは思っていても、自分自身は困っていない人が熱意を持ってまちおこしにコミットするというのはなかなか難しい。商店街の店主は地元では名士であることも多いですし。

**飯田**　名士であり、厄介なことに市議だったりしますよね（笑）。この店は元市長の店、ここは市議の息子の店……などとずらずら出てくると、個別に事情を斟酌《しんしゃく》するよりも税制から変えたほうがずっと早そうです。市町村の主たる財源が固定資産税ともなれば、行政側も稼ぐことに真剣になる。補助金は減らしていくべきですが、先にその地域の経済や地方財政を建て直してからでないと暗闇への跳躍というか、紐なしバンジージャンプになってしまうので（笑）、地方の税制改革がやはり先決だろうと思います。

## ふるさと納税は地方を救うのか

**飯田**　固定資産税以外でも、税収増大を目標にするというのは大切な視点です。税収増を目標にするならば、経済活動を地域内でいかに循環させるかという観点がいっそう重視されるようになる。まちおこしで何か商品を作るにしても、地場の材料を地場で加工させたほうがいいことは産業連関表を見るまでもなく誰でもわかることなのに、そういうことに熱心な自治体があまりにも少ないのが現状です。

**川崎**　ふるさと納税では地場の名産を特典にしたりはしていますが、地域の原材料を使った新たな商品開発に熱心なところは多くないですね。

**飯田**　ふるさと納税では自転車やカメラまで特典になっていますから（笑）。あまりにも納税者に有利すぎる仕組みなので、いずれなくなると思います。

**川崎**　あれはむちゃくちゃですね。住んでいる自治体から他の自治体への所得移転ですからね。すごいシステムです。

**飯田**　次はプレミアム商品券ですからね。一万円で一万二〇〇〇円の商品券を買って、地元限定で使うことができる。国のお金を地域商店と商品券を買った一部の人限定でプレゼントしているのと一緒です。

**川崎**　首長さんもあまり考えていないのだと思うんですよね。自分のところにお金が来て嬉しいし、地元の商品の宣伝にもなる、といった感覚なのでしょう。でもみんなが同じことをやるので、自分の地域でも他地域の人の消費が減ってしまう分だってあるのに、そこはあまり考えていないのです。安倍政権の地方創生も、気持ちのいいバラマキでしかないですからね。

**飯田**　石破茂地方創生担当大臣の個々の発言を聞けば大変立派な内容であるのに、具体的に出てきたのがふるさと納税拡大とプレミアム商品券というので驚愕しました（笑）。

**川崎**　二〇％くらいの割引率なら、ＥＣサイトのセールでもしょっちゅうやっているのに、プレミアム商品券を求めて半日以上も並んだりするわけです。

**飯田**　地方創生が何を目指すものなのか明確ではないというのが最大の原因かもしれません。自治体の税収増なり、その地域の一人当たり所得の向上なり、明確に数値化できる目標を設定していく必要があるのではないでしょうか。

**川崎一泰（かわさきかずやす）**
一九六九年生まれ。法政大学経済学部卒業、同大学大学院満了、博士（経済学）。東海大学政治経済学部准教授、日本経済研究センター研究員、国立国会図書館調査員（非常勤）、ジョージ・メイソン大学訪問研究員などを経て、二〇一三年より東洋大学経済学部教授。

# 第3章

# フラット化しない地域経済

—

入山章栄
Akie Iriyama

早稲田大学ビジネススクール准教授

# イントロダクション

## ますます重要になる「信頼」と「人間関係」

飯田泰之

インターネットが社会を変える——九〇年代後半から、あらゆるテーマの論説であたかも枕詞のように用いられてきた台詞《せりふ》だ。しかし、その意味合いは時を経るにつれて大きく変化している。情報通信革命の初期には、ネットの普及によって都市と地方の情報格差は縮小され、豊かな環境と安い土地を求めての人口分散がもたらされるとの予想が主流であった。ところが、現実はその予想とは反するものとなりそうだ。インターネットの定着が進むにつれ、ネットでのコミュニケーションはこれまでのフェイス・トゥ・フェイスのコミュニケーション（実際に会ってやり取りをすること）を代替するものではなく、補完するものに過ぎないことが、実感レベルでも明らかになりつつある。これはネットを経由したコミュニケーションの特性であると同時に、現代経済における「ある変化」を反映するものといえるだろう。

現代の先進国経済において、好んで消費されるのは単純な「モノ」ではなくなってきている。計数化できるスペックよりも、その商品に内在するアイデアやデザイン、そしてストーリーが重視されることが多い。人々の欲求・需要が「モノ」から「コト」へと変化するとき、生産性を上昇させる要因は発明・特許から、個人・組織・地域のクリエイティビティへと移行していくことになる。

これは、金融・グローバル経済といった、一見「人間」とはもっとも遠いように感じられるフィールドにおいても例外ではない。金融とは信用の供与であり、信用は最終的には人と人との信頼感に帰着する。さらに、国境を越える取引においても、制度や慣習の異なる者同士のコミュニケーションの中で、重要になるのは個人への信頼ということになるだろう。

地域経済の再生は地域の稼ぐ力の向上によってもたらされる。そして、稼ぐ力を決定するのは人と人が相互にコミュニケーションをとることで発揮されるクリエイティビティであり、人と人との間で生まれる信用である。このような観点から地域経済を考えると、その再生のために必要なのは、いかにして地域内でクリエイティブな発想を生みやすい環境を整備していくか、さらには地域外とどのようにして相互に信頼できる人間関係を構築するかであるということになる。より高い生産性を生み出すための地域づくりという問題を考えるとき、それが経営における組織論やネットワーク論の問題に非常に近いということに気づかされる。

そこで、本章では経営学者の入山章栄氏に、独自の概念である「ギザギザ化するグローバリゼーション」について、さらにそれに対応したビジョンを持つ組織とは何かについてレクチャーしていただいた。経済学や経営学というと、計数化可能な、経済のハード面のみを議論するものとの誤解も多い。しかし、現実の経済が刻々と変わるならば、アカデミズムもそれに合わせて変化していく。先端的な経営学の知見から、これからの地域経済を見通すヒントを探ってみることにしよう。

## 講義　入山章栄

### 世界はフラット化しなかった

私は経営学者で、都市計画や自治体財政の専門家ではありません。そこで、これからの地方都市のあり方に示唆を与えてくれそうな経営学の知見を紹介しつつ、私なりのアイデアを述べてみたいと思います。また、私は対話から発想を得ていくのが好きなので、飯田さんとのディスカッションの中で新しいアイデアを生み出し、発展させていければと考えています。

私は経営学者という立場上、企業経営者の方々に講演をする機会もあるのですが、興味深いのは関西で講演すると決まって、「どの会社も本社機能が東京に行ってしまう。大阪は大丈夫なのでしょうか？」といった質問を受けることです。経営者はもちろん、多くの関西のビジネスパーソンが、とくに大阪という街に強烈な危機感を抱えているのがわかる。申し上げにくいことなのですが、私は「この流れは基本的に止まらないのではないか」と答えることにしています。世界的に見ても、特定分野の知識・産業は特定の都市に集積していく。現在の日本でいうと、多くの知識や産業の集積先として東京が選ばれている。それを前提にして、「では自分たちのところに何を集積させるか」を考えないといけない。

しかし、ほんの一〇年前はまるで逆の主張が流行していたことを覚えていらっしゃる方も少なくないでしょう。その典型例が、トーマス・フリードマンというジャーナリストが書いた『フラット化する世界』（日本経済新聞出版社、二〇〇五年。原著は二〇〇五年刊行）です。インターネットの普及や、後進国と見なされていた国々の急速な経済発展により、世界中にモノ、ヒト、カネ、情報がまんべんなく行き渡るようになり、世界は均等化していくというのがこの本の主張で、大変なベストセラーになりました。

フラット化とはまったく逆の主張をしているのが、都市経済学者のリチャード・フロリダです。彼は脱工業化したアメリカの都市においては労働者の三割にあたる「クリエイティブ・クラス」がイノベーションを生み出し、クリエイティブ・クラスが集積する都市とそうでない都市で明暗が分かれると主張しています。フロリダの議論については、当初実証性に乏しいという批判が中心でしたが、近年の実感、そしてファクトとしても実際にそうなりつつあるというのは多くの都市経済学者・経営学者の同意するところではないかと思います。

知識の集積の実証は多くありますが、経営学の分野でそれを被引用特許の数で実証した初期の研究として、現コロンビア大学のブルース・コグートとジョージタウン大学のポール・アルメイダが一九九九年に学術誌『マネジメント・サイエンス』に発表した論文があります。二人の研究以降もアメリカでは、どの都市にどのような知識が集積しているかが精緻《せいち》に調査されています。アメリカは都市間競争が激しくそれぞれに特色があるのですが、基本的には西海岸のいわゆるシリコンバレーを中心に人材が集積し、その流れが隣接するサンフランシスコのベイエリアに移ったり、あるいはニューヨーク周辺、もう少し小さい規模であればオースティン、シアトル、ローリーなども健闘しているという状況です。いずれにせよ、私の実感でもアメリカでは知の都市集積が進んでいる印象がありますし、日本では東京に本社機能が集中していくのも現象としては同じことでしょう。世界はフラット化とは逆の方向に向かっている可能性が高いのです。

## 多様な人と出会う非公式な場の重要性

いまやネットやメールを使えば相当な量の情報を交換することができますし、ストリーミング技術を使ったテレビ会議も当然のことになっています。それにもかかわらず、なぜ人々や企業はわざわざ狭いエリアに集まるのか。これは経営学の知見をもとにした私の仮説ですが、フェイス・トゥ・フェイス（相手と向かい合った）でのインフォーマル（くだけた）なコミュニケーションや、偶然の出会いといったものが、知識社会においては今まで以上に重要になってきている可能性が高いのだと思います。経営学では、イノベーションとは、いわば新しい知と知の掛け合わせ、つながっていなかった知の重なりと考えられています。性別や年齢、子どもの有無など多様な人材を雇用するダイバーシティ経営が注目されているのも、バラバラの知が集まることのメリットが重視されているからです。

しかし、このような掛け合わせを意図的に起こすことは簡単ではありません。お膳立てしてもイノベーションは起こるものではない。そうではなく、もともと多様な人がいる場所に自らも身を置いて、たまたまパーティで会ったとか、カフェで起業家同士が意気投合してビジネスが生まれたとか、そういった成功例がほとんどなのです。人と人との直接のインタラクション（相互作用）で生まれる、ネットには載らないようなインフォーマルな情報がさらに価値を持つようになるので、人々がますます都市に集まるという流れは不可逆のものだと考えています。

これはたとえば、経営学の「リソース・ベースト・ビュー」という理論で説明できます。これは「企業や人が競争優位に立つには、価値があり、希少で、模倣が不可能な資源を持っていないといけない」という考え方です。これからのビジネスでもっとも重要な資源は、いうまでもなく知識と情報です。『失敗の本質』でも広く知られる一橋大学名誉教授の野中郁次郎先生は、知識には言語化可能な「形式知」と、言語化できない「暗黙知」があり、この二つの知を相互活用させることがこれからの経営資源になるとおっしゃっています。すなわち、そのような顔を合わせることでしかつかめない「雰囲気」などに含まれる情報・暗黙知が重視されるのです。裏返せば、言語化して文書化された情報は模倣可能であり、現代ならば容易にコピーし配布できる。リソース・ベースト・ビューに沿っていえば、それは誰でも手に入るので価値がなくなっていく、希少ではなくなっていくともいえるのです。

「フラット化によりシリコンバレーは消滅する」といった予言もずっといわれ続けていますが、いまだにシリコンバレーは人を集め続けています。ソフトバンクの孫正義さんや楽天の三木谷浩史さんといった経営者が、一年の多くの時間をシリコンバレーで暮らすようになったのも、その場所が持つ機能、情報と人材の集積の利益という理由があるからです。

私の高校時代の同級生に、「ＷｉＬ」というベンチャーキャピタルを立ち上げた伊佐山元という人がいます。彼も一年の三分の二くらいはシリコンバレーに住んで、東京と往復しています。彼と以前対談した際に、「仕事に行き詰まったときにはどうするの？」と聞いたら「とりあえずスタバに行く」と言うんですね。シリコンバレーのど真ん中にスターバックスがあって、そこに行くと大物の起業家やベンチャーキャピタリストなどがぞろぞろいるから、誰かに相談すると悩んでいたことが五分で解決するんだ、と。アメリカではシリコンバレーに、東京ならたとえば渋谷や目黒川沿いに起業家が集まるのは、彼らはそのような暗黙知の存在を無意識に理解していて、いわばリアル空間でのソーシャルネットワーキングをやっているのでしょう。不確実性が高まる世界で知識の重要性が増すときに、ますますインフォーマルなやり取りや偶然の出会いが必要とされて集積が起こっている。都市に人が移動し、さらに東京へと一極集中していく流れそのものは、このような観点からもう止まらないだろうと考えています。

日本国内においてこのような東京への集積の流れが止められないのであれば、他の都市や地方部は、東京と競争する必要もないともいえます。東京都とは異なるタイプの集積を目指していけばいい。中核都市の規模があれば、シリコンバレーと同じとはいわないまでも、同じような発想による施策次第で、人が人を呼び偶然の出会いから活性化していく可能性は十分あると思っています。

実際にそうなりつつあるのが福岡市ではないでしょうか。国家戦略特区に選ばれたこともありますが、創業五年以内の企業の法人実効税率を一七％以下に引き下げて起業を促すなど、「アジアのシリコンバレー」を目指した施策が奏功しつつあります。東京二三区、札幌市とともに人口流入超のトップ３に位置し、とくに若い世代の転入者が多くなっています。高島宗一郎市長は趣味がクラブＤＪだったそうですが、今、挙げたようなマクロの政策だけでなく、ソフト面でも多様な人々の交流を重視しているのが大きな特徴です。他にも、たとえば京都には潜在的にその可能性があるでしょうし、新潟市などもアジアやロシアとのハブになる可能性があるかもしれません。

## ギザギザ状になった世界

そのような中小都市の可能性と、今起こっている「フラット化」ではないグローバル化」を重ね合わせて考えていけば、一極集中化の下での地方都市のあり方が見えてくるのではないかと考えています。集積とグローバル化、つまり「集まる／散らばる」という二つの矛盾する動きが同時発生していることをどのように考えればいいのか。グローバルとローカルをどうやって折衷するのかが重要だと思います。

一つの仮説は、グローバル化は国と国の間で起こっているのではなく、「ある国の特定の都市・地域と、別の国の都市・地域との間で起こっている」というものです。たとえばアメリカと台湾との間の起業分野やハイテク産業の経済取引は活発化していますが、そのほとんどはシリコンバレーと台湾の新竹市という都市間で起こっています。同じように福岡は釜山とビジネスのやり取りがさかんですし、新潟がロシアの特定のエリアとビジネスを活性化させる可能性もあるのではないでしょうか。国全体がフラットにつながるのではなく、特定のエリア都市間の国境を超えたつながりに基づく「ギザギザ状の」グローバル化を、私は「スパイキーグローバリゼーション」と名づけています。実際に私は、アメリカのベンチャーキャピタル企業による海外投資のデータを使って、スパイキー化を実証する共同論文[1]を書いています。

その中で、アメリカの各州と世界の主要国のベンチャーキャピタルの取引量を調べ、集約度を指数化しました。結果を見ると、たとえば台湾とカリフォルニア州との数値が、同国と他の州のそれと比べて突出して高い、といったことが明らかになりました。これは、やはり新竹市とシリコンバレーの関係が寄与していると考えられます。

日本とテキサス州の数値がかなり高かったことも意外でした。これは原因がよくわからないのですが、テキサス州には最近トヨタの工場もつくられたので、その波及効果が影響しているのかもしれません。

他にもいろいろと先入観を覆される結果が得られました。たとえばインドはカリフォルニアとの関係が強いと思っていたところ、むしろニューヨーク州との指数のほうが高かったり、中国はなぜかワシントンDCと関係が強かったりします。確かにワシントンDCや周辺のメリーランドなどでは中国系の方々が増えているようですから、強い関係性があるのかもしれません。

際立って興味深かったのは、イスラエルとニュージャージー州の指数の高さです。これはニュージャージーに医薬・バイオ産業の集積があり、イスラエルでもバイオ産業が成長していることが影響しているはずです。両者の間でバイオベンチャー同士のコラボレーションなどが起きていて、非常にわかりやすい結果といえます。

## シリコンバレーの投資家を京都へ

起業家と投資家をつなぐベンチャーキャピタルのビジネスは単純なお金の取引というよりも、かなり人間臭いものです。泥臭いし、起業家と投資家とで殴り合いにすらなりかねない、極めてヒューマンな世界です。ですので、人的ネットワーク、すなわち人脈も重要です。

カリフォルニア大学のバークレー校にアナリー・サクセニアンという有名な社会学者がいるのですが、彼女は都市間の人的ネットワークを定性分析し、中でも移民ネットワークの強さを重視しています。たとえば台湾からスタンフォード大学に留学して学位を取って、起業して成功する。ある程度成功して蓄えができると、投資家になって台湾に戻る。こういった人たちが両国を往復しているうちに人間のネットワークができていくことを彼女は描写しています。それを受けて、私と共同研究

1 AKIE IRIYAMA,YONG LI and RAVI MADHAVAN. 2010 Spiky Globalization of Venture Capital Investments: The Influence of Prior Human Networks. Strategic Entrepreneurship Journal, vol4: 128-145.

者も各国からアメリカ各州への移民のインデックスを算出してみたのですが、ベンチャーキャピタルの「集約度」と移民のそれには統計的に有意な正の相関がありました。人の相互往来がネットワークをつくり、ネットワークがビジネスを生み出している可能性があるのです。こういう人脈、人材の偏った集積が、起業活動のスパイキーなグローバル化を生んでいるというのが我々の仮説です。

そういう意味では、福岡と釜山の関係はスパイキーグローバリゼーションの典型です。福岡は海に接しているので地の利がありますが、工夫次第では内陸都市でも、海外の都市との関係を緊密にすることは可能だと思います。アメリカの場合は国が主導して、どの州がどの国の移民を重点的に引き受けるかを決めたりします。私が住んでいたニューヨーク州バッファローも内陸にありましたが、ソマリア難民とミャンマー難民を多く引き受けていました。

日本の場合、都内では珍しいミャンマー難民の移住先があって、それは高田馬場一帯なんです。この前、『タモリ倶楽部』でミャンマー料理の特集をしていたのですが、出てくる店はそのあたりばかりでした。だからバッファローと早稲田大学で交流したら面白いんじゃないか、と大学で冗談まじりに話したこともあります。

たとえばその都市の産業で、国内ではあまりニーズがないものでも、特定の国の特定の市場ではヒットする可能性もあります。どのタイミングで何が当たるかはわからないので、都市間交流を民間側で進めてしまえばいいのですが、中小企業の方々にはなかなかそこまでの体力がない。ＪＥＴＲＯが一生懸命取り組んではいますが、それだけでは十分とはいえません。

最近は、日本からシリコンバレーに視察に行く人も増えています。京都の中小企業の方々からも「シリコンバレーに行きたい」と相談されたことがあるのですが、私は逆に「シリコンバレーから投資家を京都に連れてきたらどうか」と提案しました。京都の社長さんたちがシリコンバレーに行ったところで、グーグルの本社なんかを観光ツアーして終わりになるに決まっています。でもシリコンバレーには投資家がたくさんいて、優れた技術さえあればいつでも投資したいと思っているし、みんな京都に憧れている。だから彼らを連れてきましょう、ただし一週間ではなくて、三カ月くらいは暮らさせる仕掛けを考えましょう、と。

ちなみに、そういうときに決め手になるのは投資家本人ではなくて、その奥さんだったりするんです。私も一〇年ほどアメリカに住んでいたのでよくわかるのですが、本人にアピールしてもあまり意味がない。魅力的な住まいと、おいしいお店と、とっておきの場所を用意しておくことと、さらに彼女たちは子どものことを優先して考えるのでインターナショナルスクールを充実させる、ここまですれば奥さんたちはきっと半年から一年は京都に住みたいと思うはずで、奥さんがそう言えば投資家もそれに従う。そこで地元の中小企業を見て回らせればいいんです。日本の銀行がリスクを嫌って手を出さない案件に、きっと彼らは興味を持ちます。ハコモノをつくって誘致を図るよりも、ソフト面での人的交流を活性化させたほうがきっと効果は高いだろうと思います。

しかし日本では、面白い事業を数々行って注目されているあるベンチャー企業を、ある自治体が誘致し、高層ビルの最上階をオフィスとして提供したということが実際にありましたが、そんなところに幽閉してしまったら偶然の出会いも何もなくなってしまう。そんなことをするお金があったらまちなかにカフェをいくつかつくって、すべて無線ＬＡＮを配備し、その近隣にベンチャーを誘致すれば多様な人が出入りするようになります。そういうふうに考えなければいけないんです。

## 「誰が何を知っているか」を知ることの重要性

イノベーションが起こる条件としてフェイス・トゥ・フェイスでのやり取り、つまりインタラクションが大事だということは、経営学でもさまざまな実験によって実証されつつあります。とくに組織学習研究で重要視されている「トランザクティブ・メモリー」という概念が、顔を合わせることの重要性を裏づけています。これは、組織にとってメンバーが一緒に何かを学習することよりも、バラバラに学習したことを持ち寄りお互いに「誰が何を知っているか」を知っている状態のほうが、組織の持っている知識の総量が大きくなるという考え方です。つまり、何を（What）知っているかよりも、誰が何を知っているか（Who knows what）のほうが組織にとっては遥《はる》かに重要なのだということです。

トランザクティブ・メモリーの量と質を向上させるために効果的なのが、フェイス・トゥ・フェイスのインタラクションであることが経営学の実証研究で示されつつあります。たとえばある研究では、大企業にインターンした何百人の人たちがどのようなコミュニケーション手段を使っているのかをデータ化し、その人のトランザクティブ・メモリーの高さとの関係を統計的に分析しました。それによれば、一番トランザクティブ・メモリーが向上しているのが、やはりフェイス・トゥ・フェイスでのコミュニケーションを頻繁に行っている人たちで、逆にメールばかりを使っている人は向上していなかったそうです。

もっとも、そのような研究があろうがなかろうが、シリコンバレーの経営者たちはすでにそのことを体験的に知っていて、ほとんどのオフィスは役職に関係なくフラットにつくられて、パーティションすらありませんから、日常的にトランザクティブ・メモリーが強化されていくわけです。平場のオフィスの中央にはコーヒーを飲むスペースがあり、いろいろな部署の人たちが集まって「最近どうよ？」なんて調子で会話を交わす、そんなことがとても重要なのです。日本企業の場合は、かつてはタバコ部屋や給湯室などがそうした機能を果たしていたのではないでしょうか。あるいはいわゆる「飲みニケーション」も、意図的にいろいろな部署の人たちと飲むようにすれば、お互いにどんな案件を抱えているか、どんな顧客がいるのかなど、ざっくばらんに情報交換でき、そうした仕掛けが有効なのです。

また、よくいわれる「会社の人と飲みに行くのは日本だけだ」というのは正しくありません。アメリカでは、週末のワインパーティが頻繁に行われています。部長クラスの人にとって、大事な仕事の一つは「ワインパーティに誰を呼ぶか」であるとさえいえるかもしれません。私がニューヨーク州立大学バッファロー校で助教授をしていたときも、私の上司にあたる人がワインパーティをよく開いていました。このように部下、取引先、知人や親戚で面白いビジネスを行っている人たちなどを招いて交流する。こういう場での偶然の出会いによってコネクションをつくっておくことが、多様な情報を効率よく収集する方法なのです。

## ビジョンは経営者の顔

都市経営と企業経営には共通点も多いと思います。仕事柄、「今、面白いと思う会社は？」といった質問を受けることが多いのですが、そういったときに挙げる企業の共通点は、トップの顔がすぐに浮かぶことです。これは単純に顔が知られているということではなくて、その会社の理念、トップが打ち出している理念が社会に伝わっていることを意味します。ソフトバンクの孫会長やファーストリテイリングの柳井正会長のような超有名経営者だけでなく、最近では顔が見える経営者が数多く出てきています。一方で二〇年前、経営者の顔が広く知られる日本企業はどれだけあったでしょうか。これは企業の競争環境が厳しさを増していく中、経営者がトップダウンで組織をドラスティックに動かさないと生き残れなくなったことと無関係ではないはずです。

ビジョンを示し、コミュニケーションをとってしっかりと伝えることが、経営者にとってもっとも重要な仕事になりつつあります。「伝説の経営者」といわれるジャック・ウェルチは、管理職を「業績」と「価値観」を軸にして、次のように分類しました。

（1）企業の価値観に基づいて行動し、いい業績をあげるマネージャーを厚遇
（2）業績が悪く価値観も共有しないマネージャーは即刻クビ

これは当然ですよね。しかしウェルチがさらに興味深いのは、以下のような分類もしたことです。

（3）業績はよくないが価値観を順守するマネージャーは再度チャンスを与える
（4）業績がよくても価値観に従わないマネージャーはクビ

ここでもビジョンがもっとも重要視されているわけです。ビジョンの共有なきトップダウンはただのワンマン経営ですが、ビジョンの共有を前提としたスピーディなトップダウンは、自治体や都市の経営にも求められていると思います。

シカゴ大学で「ポジティブ心理学」といわれる領域に長年携わったことで有名なミハイ・チクセントミハイ氏と対談したことがあるのですが、彼は「入山さん、なんでフィレンツェが世界で指折りの美しい都市になったかを知っていますか」と言うんです。彼いわく、メデ

イチ家を中心としたフィレンツェのトップたちが「世界でもっとも美しい街をつくりたい」と宣言したからなのだ、と。宣言し、銀行家、聖職者、哲学者、芸術家といった優秀な人材を集めてアイデアのコンクールを行い、あとは彼らに任せてしまった。宣言し人を集めお金は出す、でも口出しはしないという方針であの美しい都市がつくられ、およそ四〇〇年後にナチスのイタリア侵攻が起こったときも、その美しさからフィレンツェだけは破壊しなかったという嘘みたいな出来事があって、いまだに世界中から多くの観光客が訪れているわけです。

トップが示すビジョンは細部の具体性を欠いていても構いません。共感する人を惹きつけること、その人たちを歓迎することが大事なのです。

## 地方都市とイノベーション

東京のような大都市だけでなく、地方都市でも人を惹きつけるまちづくりは可能なはずです。シリコンバレーだって、行ってみればすぐにわかりますが本当に田舎で、道端には車に轢《ひ》かれたスカンクの死骸が転がっている、そんな場所です。でも先の伊佐山元君は、「俺は東京では仕事ができない」と言うんですね。東京は過密すぎて、常に人と会わざるを得ない環境なので疲れる、ぼうっとする時間がつくれない、と。彼はゴルフ好きで、コースを歩いているときに仕事のアイデアが浮かぶことが多いそうなんです。僕もバッファローにいたときは、運転中に突然研究のアイデアがよぎって、すぐ路肩に車を停めてメモをする、なんてことがよくありました。都会では危ないですけど、田舎町なのでまったく大丈夫なんですね。

こういうひらめきや思いつきをもたらす仕組みは、脳科学の分野では「デフォルト・モード・ネットワーク」と呼ばれていて、ぼんやりしたり、あまり集中していない状態のときに、脳の複数の領域が神経活動を同調させながら活動していることがわかってきています。アルキメデスが入浴中に浮力の原理を発見したのは有名な話ですし、アインシュタインの相対性理論の原型となるアイデアは、学校の昼休みに丘の上で寝転んでいたときに見た夢のイメージだったといわれています。

日本でも、若い起業家が中核都市から少し離れた片田舎に集まる傾向があります。「面白法人カヤック」などがある鎌倉市は「カマコンバレー」と呼ばれていますし、軽井沢町にも知り合いの起業家や研究者が移住したりしています。考えること、アイデアを出すことが重要な仕事に就いている人たちは、ぼうっとすることの必要を潜在的に知っているのではないかと思います。人と会い、思考に集中し、そしてしっかりとリラックスする、このバランスを提供できる環境は、中核都市から衛星のようにネットワークされた小都市にこそあるのではないでしょうか。リタイアした年配層だけでなく若者にも田舎暮らし志向があるのは、東京などの大都市では脳がアイデアを生みやすいようにリラックスできる機会が乏しいからかもしれません。私自身も、数年前までは大都市のコンクリート・ジャングルの中で一生生きようと思っていたのですが、最近は田舎に行くと嬉しくて仕方がない、そんな変化に我ながら驚いています（笑）。

ただポイントは、一方で先から述べているように、人は知と知の偶然の組み合わせ、すなわち知の集積した都市も求めているということです。その意味でも、これからは知の集積が進む大都市と、その周辺でぼんやりとデフォルト・モード・ネットワークの状態がつくれる地方部を行き来する人が、増えるのではないでしょうか。実際、鎌倉も軽井沢も東京に十分通える距離です。

そういう意味では、地方都市が人を惹きつけるためには、まずは住みやすさがもっとも重要でしょう。あとは人を集めるちょっとおしゃれなカフェがあって、そこでは無線ＬＡＮも電源も使えて、夜は小さなパーティが開けるバーになる。バーベキューができる河原や公園がある……そんな小さなことで十分なのだと思います。大きなハコモノをつくるとか、無理やり特区にするべく条例を改正するといったことは、いきなりハードルを上げすぎでしょう。人を呼ぶのは、魅力的な人です。その魅力のある人をどうやって惹きつけるか、そこに知恵を注ぎ込むべきなのだと思います。

さて、ここから先は、フェイス・トゥ・フェイスのインタラクションが重要だという自説に則《のっと》って、飯田さんとの対話でもう少し考えを深めていければと思います。

## 対談　入山×飯田

### 東京は人の集積を生かしきれていない

**飯田**　非常に示唆に富むお話をありがとうございました。フラットではない、ギザギザ状のグローバリゼーションが起こっているというご指摘は、これからの地方都市のあり方を考える上でとても重要でしょう。あくまでも直感ですが、僕は三〇万人規模の都市とその周辺、そして衛星都市で合わせて五〇万人の圏域人口があれば、一つの経済圏として成立するのではないかと考えているんです。

**入山**　なるほど。三〇万人、五〇万人というと実際にはどういう都市があるでしょうか？

**飯田**　たとえば盛岡市がちょうど三〇万人（二〇一二年一二月一日時点の推計人口が三〇万六九人）で、隣接する市町村を含めると五〇万人規模の経済圏になりますね。盛岡市と花巻市の中間に当たる紫波町はPPPによる地域振興プロジェクトで有名ですが、同町から半径三〇キロメートル圏は北東北では最大の人口を持つ地域です。日本創成会議座長の増田寛也さんは三〇万人を基準にした都市への集積を主張されていますが、対談でお会いした際も「欲をいえばエリアで四〇万～五〇万人欲しい」というニュアンスでした。もちろん、現在は合併によって市域が非常に広くなってしまっていますから、特定の市の人口が五〇万人であるかどうかは重要ではありません。核となる中心とそこにアクセスしやすい、日常的な通勤・通学が可能な周辺人口を合わせて五〇万人の圏域人口を確保するのが一つの目標ということになるのではないでしょうか。第2章で言及された、ナントやストラスブールも三〇万人プラス周辺二〇万人程度のエリアです。

**入山**　面白い切り口ですよね。私はクリエイティブ・シティが生成する条件について経営学の知見からよく考えるのですが、必要な人口規模などはわからないんですね。でも直感的には五〇万人というのはいい線に思えます。優勝劣敗はあるのでしょうが、多様で魅力的な人材を集めるための競争が起これば、どこも都市としての強さを増していくことになるでしょう。東京が群を抜いた存在になるのは仕方がないとして、魅力的な小都市になる可能性はどこにでもあると思います。京都は閉鎖的な気質はあるけど外国人を惹きつけてやまない魅力がありますし、面白い人が集まり始めている。福岡も暮らしたことのある人は皆「住みやすい」と言いますよね。

**飯田**　福岡は多くのアジア系航路の発着があります。さらに東京近郊の主要駅からも、空港までのアクセス時間を考慮しても二時間ほどですぐに博多に出られる。観光面・ビジネス面ともに非常に便利になっています。便利すぎて日帰り出張が多くなってしまうくらいです。さらに北九州空港を生かしたマルチエアポート化も進められていて、ＬＣＣは北九州発着、ＪＡＬやＡＮＡなどのフラッグシップは福岡発着と、使い分けができるようになるとさらにその成長は加速するかもしれません。福岡空港は市街地にあってこれ以上の拡張には限界があるので、北九州空港とのアクセス強化と棲み分けが必要なんですね。

**入山**　空港と鉄道によるアクセスがよくなれば、仕事をするのも人と会うのも福岡市内だけど、住むのは他の場所ということもできるでしょうし、福岡の周辺にセカンドハウスを持つ人も出てくるかもしれませんね。そこを狙って仕掛ける地方再生もあるのかもしれない。

**飯田**　福岡のような大都市以外にも、アクセスの向上による集積地を目指すという戦略は有効でしょう。これまでのような工業団地をつくり、それに付随してニュータウンをつくるといった手法は難しくなるでしょうが、人が集まる場所を提供した別荘地というか第二の居住地のようなものでも、十分に人を惹きつけられる。これまでのように、長期のバカンスでしか使わない別荘ではなく、むしろメインの住居を置きつつ、東京や最寄りの大都市に仕事場を置くというスタイルです。

**入山**　実際に小布施や軽井沢には若い人が集まっていて、雰囲気のいいカフェもあって、そこで仕事の話をしたりしていますからね。ある大手ＩＴ企業の経営幹部の住居も軽井沢にあるようですし、元国連職員の小林りんさんが「ＩＳＡＫ」というインターナショナル・ハイスクールを設立されたりしています。私は軽井沢が日本のイノベーションの中心になっていく可能性もあるのではないかとすら思っています。偶然の出会いがあって、なおかつ暮らしやすい環境というのは都心では難しい。

**飯田**　東京で働くことの難しさは、起業家だけではなく、むしろ一般的なサラリーマンにとっての不便さにもあるように思うんですね。都心に通勤しているサラリーマンの平均通勤時間は五八分といわれる。これは東京・神奈川・埼玉・千葉で五年以内に住宅を買った子持ちのサラリーマンが調査の対象ですが、片道一時間を超える人が半数を超えています。

**入山** 往復二時間は長いですよね。

**飯田** これは純粋な移動だけの時間ですから、待ち時間などを含めた体感通勤時間はもっと長くなるでしょう。仕事だけでなく生活まで含めて見ると、実は東京には人材は大して集積していないとさえいえるかもしれません。毎日二時間以上も移動のためだけに費やしていたら、インフォーマルなコミュニケーションを行う時間もなくなってしまう。東京は人が多すぎるがゆえに、人の集積によるメリットを生かすことができていないのではないかと思うんです。

**入山** ウチは子ども二人の共働き世帯で都内の郊外部から都心に通勤しているのですが、通勤時間は都市について考える上で重要なファクターだと日々痛感しています。共働きだと本当にきつい。家の近所の託児所にしか子どもを預けられないから、郊外で暮らしていると子どもと離れている時間が二時間半くらい長くなる。かといって、運良く職場のそばに託児所があったとしても、満員電車に一時間以上も乗せるわけにもいかないですよね。通勤時間の長さは教育や女性の社会参加など、いろいろな面でマイナスになっているだろうと思います。

**飯田**　その面では元気のいい中核市のほうが、圧倒的に暮らしやすいはずですよね。飲んで電車がなくなっても、タクシー代が二〇〇〇〜三〇〇〇円で収まるのなら、人と交流する機会も増えそうですし。都心から郊外の自宅に気兼ねなくタクシーで帰れる人なんてごく一部ですから。

## 海外で勝てば一気にジャパンブランドに

**飯田**　国同士のフラットなつながりではなく、都市と都市がスパイキーにつながるというお話は、大学では昔からあった現象ですよね。たとえば台湾の人にとっては、日本の有名大学といえば、早稲田大学です。

**入山**　そうなんです。早大はアジアの多くの地域で、なぜか東大よりも上だと思われているんです。私も含めて早大の研究者はそう言われても否定せずに、真実は隠して付き合うことができる（笑）。他にも孫文が早稲田鶴巻町に屋敷を構えたことがあったり、サムスン・グループ会長のイ・ゴンヒが早稲田の商学部出身だったりと、そういうつながりが評価に反映されているようです。

**飯田**　明治大学にとっての周恩来もそういうところがありますね。また、戦前や本土復帰前からの沖縄の出身OB・OGの存在が、今もなお沖縄での学生募集の強みになっているといわれます。実際、沖縄に講演に行くと実業家の方で明治大学出身という方にお会いすることも多い。明治大学のことを意識してくれる人がいることが、さらに両者の結びつきを強化していくわけです。このようなアナログな関係の集積が、さらなる集積を呼び、あとで大きくものをいうんですね。

地方の中小企業のスパイキーな国際化については、松江市のある茶舗の話が興味深い。創業一〇〇年以上の地場の茶商ですが、現在タイにカフェチェーンを展開しているんです。松江には松平不昧公が根づかせた抹茶文化があるのですが、かといって全国的には静岡や宇治、関東ならばこれらに加えて狭山といった地名が強くて、マーケティングには苦労せざるを得ない。この会社はかなり早くからアジア市場に目を向けていて、失敗も経験してきたそうですが、タイで輸入食品を扱う経営者の目に留まって、タイの富裕層向け商品として、単に商品を売るのではなく、抹茶文化の体験型カフェという性格を強くして展開したらブームになったそうです。

**入山**　グローバル展開したら逆に競合がいなかった、と。それは面白いですね。

**飯田**　これが東京圏や関西圏で展開しようとしたらそうはいかないでしょう。国内だとライバルだらけ、一方でいち早くアジアに展開すれば、その国では日本を代表するブランドになるわけです。本国では数多いメーカーのひとつにすぎないのに、特定の国では日本代表のようにふるまえる。いわばベンチャーズ（アメリカのエレキバンド）の戦法です。

**入山** そういう発想なのですね。確かに最近、地方の中小企業が代替わりしてグローバル展開に打って出たら成功した、という事例が増えていて、有名な例は岡山の桃太郎ジーンズです。全国展開を飛び越えてグローバル展開するのは、単純に国内マーケットが縮小しているからではなくて、東京でライバルと戦うほど強くないから海外に出るという道がある。同じ岡山のナカシマプロペラという会社は、船舶用プロペラで世界の三割のシェアを握ってきた企業ですが、造船業界が斜陽になって本業が不振になってくると、産学連携で医療機器の研究に乗り出し、人工関節で世界のトップランナーになってしまいました。日本ではほとんど無名といっていい企業ですが、ヨーロッパやアジアでは有名企業ですし、ハーバードやスタンフォードからもインターンを受け入れています。これも、国内の大手医療機器メーカーとまともに戦っていたら違う結果になっていたかもしれない。面白い現象ですね。

**飯田** 農作物や一次産品でも、国内の最大手を避けて海外で勝負するケースも増えているようです。

**入山**　海外の人たちは日本のトップブランドがどこかなんてほとんど知りませんから、勝手にブランドになってしまえばいいわけですね。

**飯田**　松江と宇治の抹茶の味がどう違うのか、正直私の舌ではわかりません。イメージだけでなんとなく宇治を選んでしまいがちです。これは日本人である私にとって京都・宇治というブランドイメージの刷り込みが強力であるというだけの話でしょう。一方で、抹茶文化を初めて受け入れる地域にはそんな刷り込みはないわけです。その意味では、都市と都市の関係だけでなく、特定産業間のスパイキーなつながりも増えてきそうですね。その際、地域ごとにどの国の市場を攻めるのか、コーディネーションは必要でしょうね。海外でまた日本勢同士で強烈に競争する……というのでは何にもなりません。

## オフィスはフラットにして交流を促進せよ

**飯田**　スパイキーなつながりがフェイス・トゥ・フェイスの関係から生まれるということであれば、フェイス・トゥ・フェイスの関係を生み出しやすいという観点からのコンパクトシティ化が必要ですね。

**入山**　おっしゃる通りですね。

**飯田** でも今、喧伝されているコンパクトシティでは、中心に巨大なハコモノがつくられて、市役所と図書館、芸術文化ホールみたいなものが入れられていく。それ以外のコンパクトシティ像がないと言ってもいいくらいです。市役所はもちろん、図書館も価値を生み出すモノではない。本来ならば都市でビジネスにとって一番有利になる場所に、コスト・センターを置いてしまうことになるわけです。これでは街はどんどん空洞化していくだけで、魅力的な街の必要条件からどんどん遠ざかってしまいます。安全で、遊ぶところも飲むところもまとまっていて、その中を回遊できるような街をつくらないといけないのに、ほとんど逆の方向に進みつつあります。

海外から日本の観光地に来た方の最大の不満は、夜遊ぶ場所が少ないことだと言われます。カジノ研究者の木曽崇さんは、「自分がカジノをつくれというのは海外での成功例が多いからで、必要なのは遊ぶ場所、なかでも大人が楽しめる場所だ」とおっしゃっていました。ラスヴェガスでも収益性で見ればカジノよりもショーなんだそうです。

**入山** アメリカの場合、カジノってスキーリゾートのそばにあったりするんですよね。しかもそれはマイノリティの人たちの雇用対策にもなっているんです。確実に稼げるから、雇用吸収力がある。

**飯田**　日本でスキーリゾートに行っても、夜はやることがなんにもないこともありますね。

**入山**　ないですね。結局、ホテルの部屋でウノでもやるしかないという（笑）。

**飯田**　遊びもまたインフォーマルなコミュニケーションの機会になる。そして、業種や居住地を超えたトランザクティブ・メモリーをつくる場にもなるでしょう。地方都市はスペースもあるし、それができる環境はすぐにつくれますね。

**入山**　日本の地方都市は海外より治安もいいので、理想的なんです。

**飯田**　個人の家だって広いからパーティもできる。東京よりはるかにハードルは低いですね。

トランザクティブ・メモリーのお話を伺っていて思い出したのは、りそなホールディングスです。東和浩社長と対談したときに、かつて役員の個室をガラス張りにしたら非常にいい効果があったとおっしゃっていたことを思い出します。当初は、個室・密室が派閥形成につながるという危惧から始まった試みだったそうなのですが、幹部同士のコミュニケーションがとりやすくなることで、お互いに部下を紹介したりそこから新しいアイデアが出たり、シナジーがあったとのことです。

**入山**　わかります。アスクルの岩田彰一郎社長も早くからそれを進めていらした方で、私も社長に案内していただいたことがあるのですが、オフィスは完全に平場です。あれだけ大きな会社なのに、フロアは二つだけ。ど真ん中に岩田さんの机がポツンとあって、いつもグルグル歩き回っている。

**飯田**　フェイス・トゥ・フェイス・コミュニケーションをしやすい環境づくりが、経営者にとって重要な仕事になりつつあるんですね。

**入山**　そうなんです。りそな銀行の場合、銀行業界でそれをやっただけでも大改革なのでしょう。

**飯田**　個室と派閥が欲しくて頑張ったのに、と思っている役員もいそうですね（笑）。

**入山**　そう考えると、一番ダメな業界は大学ですね。

**飯田**　そうなんですよ。僕もまったくそう思っています。みんな個室を与えられて。

**入山**　誰が何をやっているのか、全然わからないですよね。

**飯田**　僕がいた頃の東大の大学院はお茶部屋と呼ばれる所属不明の部屋があって、お茶を飲んだりタバコを吸ったりでみんなが集まってきていました。僕は自分の研究室にほとんど行かずにいつもそこにいたので、「お茶部屋の主」と呼ばれていましたが（笑）。でも現在はそういう交流はあまりないそうです。その結果、東大の院生同士の指導教官や専門分野を超えた共同論文がすごく減ってしまっているように感じます。専攻が異なると、ほとんど顔を合わせないですんでしまっているのではないでしょうか。

**入山**　それ、全然ダメですね。バラバラの分野だと思っていたものが集まって、大きな研究結果が出たり、それが論文になったりするじゃないですか。

**飯田**　まったくそう。さらに、自分が論文を何本読んでもわからないことでも、知っている人に聞いたら五分でわかってしまうこともしょっちゅうあります。

**入山**　わかります。まさにそうなんですよ。行き詰まったときって、誰かに聞けばすぐに突破できることがほとんどです。

**飯田**　少し分野が違うと同じ概念や手法に別の名前がついていることが多くて、でも門外漢がそれを突きとめるのはすごく難しい。でもその分野の人に聞くと、「ああ、あれはこれと一緒だから」みたいにあっさり解決してしまう。だから、個室ってすごく非効率なんですよ。

**入山**　めちゃくちゃ効率落ちますね。本当に交流する機会がない。今の時代、喫煙室は難しくても、ソファーとコーヒーとテレビの一つでも置いておけばみんなと交流できるんですよね。今いる早稲田の研究棟もそうですけど、フロアのど真ん中を吹き抜けの空洞にするのなんて、まったく意味がない。人が集まる場所を潰しているのと一緒です。

**飯田**　経済学者が内閣府とか財務省の常勤研究員に出向すると急に生産性が上がることがあ

るんですが、それは個室がないからなんじゃないかと思います。

**入山** それ、面白い仮説ですね。同じ能力の人たちが場所を変えているだけだから、おそらく実証可能かもしれません。

## 都市にはわかりやすいシンボルが必要

**飯田** 地方都市はさておき、現状での集積地である東京の生産性や都市としての魅力をさらに上げるためには何をすればいいでしょう。

**入山** 「江戸城の天守閣を再建すれば世界に誇る東京のシンボルになる」と主張して、すごく批判された団体がいましたけど、私はある程度あれに賛成で、冗談半分ではありますが、なくはないアイデアだといろいろなところで主張しているんです。

**飯田** 明暦の大火での焼失から、約四〇〇年ぶりに復活する、と。

**入山** そう。政治思想うんぬんとはまったく無関係に、観光の目玉には間違いなくなりますよね。パリなら凱旋門かエッフェル塔、ニューヨークなら自由の女神、ロンドンならビッグベンかロンドン橋、といったステレオタイプだけどひと目でわかるシンボルって絶対にあったほうがいいと思うんです。海外で描かれる東京を表す絵に、レインボーブリッジが描かれていたら、なんだか絶望的な気分になる。

**飯田**　いやあ、レインボーブリッジは違う……。

**入山**　違うだろ、と思いますよね。でも東京タワーはエッフェル塔とかぶるし、雷門は浅草のシンボルであっても、東京を示すアイコンにはならない。勤め先の早稲田大学ビジネススクールの英語版ホームページでは、トップに富士山が出ているんですけど、日本のシンボルを東京のシンボルにしなければならないくらい、何もない。だからなんとかして江戸城の天守閣を再建してほしいんです。

**飯田**　その意味ではスカイツリーも東京の顔にはならないでしょうね。一方で、お城は伝統のある国の特権なので日本にもアドバンテージがある。アメリカには王様のお城はないですから。お城がない国から来た人にとっては、その象徴的意味はより大きくなるでしょう。

**入山**　目に見えるシンボルも必要ですし、常に人が集まっている場所も必要だと思うんですよね。ヨーロッパに行くと、教会の前に必ず広場があって、一日中いるおじいさんなども含めて多様な人が集まっている。東京だと、ホームレスの方が集まる場所はいくつかあっても、もっと多様な人が目的もなく集う場所があまりないですよね。

**飯田**　大通りをオープンカフェにする試みをやっている区とか、少しずつ出てきてはいるのですが、まだ試行錯誤の段階のところがほとんどでしょう。公園でも広場でも、むしろ「人があまり集まらないようにする」という意図のほうが強い。これは大学についても同じことです。東大構内の建物と植木の配置は、なるべく人が集まれないように配慮されている。典型的にはかつての安田講堂前や駒場の一号館前ですね。もともとは学生運動対策の名残《なご》りのようですが。

**入山** ああ、よくわかりますね。ある大企業の若手社員から聞いた話で、彼は社内でヨコのコミュニケーションがないことに危機感を覚えて、二、三カ月に一度、大きな部屋のいろいろな部署の人が集まるイベントを始めたそうなんです。で、ここに社長を呼ぼうとなって、来てもらったら開口一番、「お前らは何の決起集会をやるつもりなんだ」と言われてしまった（笑）。組合をつくるつもりだと思われたそうなんです。

**飯田** 第二組合の決起集会あたりと間違えられた（笑）。

**入山** ゲバ棒を持ち出すんだろう、と。社長さんに二時間ほどプレゼンしたらわかってもらえたそうですが。街の中でも、お寺や神社の境内がそういう場所として再生していけばいいのですが。もう一向一揆の起こる時代じゃないし（笑）。そういう意味でも京都はそういう場もたくさんあるし、ランドマークには事欠かないし、都市の規模もちょうどいいので可能性がありますよね。

**飯田**　そういうときに行政がビジョンを提示するのは、平等原則に反する面もあるので制約がかかってしまいます。その結果、「緑豊かな暮らしやすい街」みたいな毒にも薬にもならないスローガンになりがちです。工芸が盛んな街であれば、商工会議所などがリーダーシップを取って「織物の街」「陶器の街」などと方向性を打ち出してはいますが、せいぜいイベントをやるだけ……という自治体が多いようです。工芸作品を集めたり、既存の伝統工芸品を東京のイベントで販売してもたかがしれています。キーになるのは人だということをもういちど見直してほしい。

**入山**　そうです。ものを作るのは人ですし、誰かの技術やセンスを格段に進歩させるのも、ものではなく人なのですから。

**飯田**　工芸なら工芸で、センスを共有できる人材が集まってきやすい。先日、富山市が一八〇億円近くをかけてガラス美術館を建てたんです。雪国にガラス張りの建造物で、暖房費はいくらになるんだ……と思ってしまうのですが、それ以前の問題として、本気でガラス工芸の集積地を目指すのなら、美術館よりも人に金をかけてほしかった。富山市は長くガラス作家の人材育成に取り組んできました。これをもっと大々的に推し進め、超有名作家にアシスタントやアトリエを提供して、市内のあらゆるスペースをフリーのギャラリーとして使用できるようにし……と、こうしたソフト面に注力したほうが、日本の、むしろ世界のガラス工芸の中心地への近道になると思うんですが。

**入山**　地方にはそういう意味で眠っている資産が膨大にある。実は有利な場所からスタートできるシード選手であることを、もっと知ってもらいたいですね。

**入山章栄（いりやまあきえ）**

一九七二年生まれ。慶應義塾大学経済学部卒業。三菱総合研究所での調査・コンサルティング業務に従事した後に渡米し、二〇〇八年に米ピッツバーグ大学経営大学院より博士号を取得。同年より米ニューヨーク州立大学バッファロー校ビジネススクールの助教授に就任。一三年から現職。専門は経営学。主な著書に『世界の経営学者はいま何を考えているのか』（英治出版）、『ビジネススクールでは学べない世界最先端の経営学』（日経BP社）などがある。

第 4 章

# 人口減少社会の先進地としての過疎地域

—

林 直樹
Naoki Hayashi

東京大学大学院
農学生命科学研究科・
特任助教

# イントロダクション

飯田泰之

## 「自主再建型移転」とは何か

これまで見てきたように、地域再生には、地域自体が稼ぎ、そして域内で経済を回す――これら二つの条件が必要だ。その一つの方法が、当該地域における人口集積地の形成である。エリア内での人口集積に失敗してきたことが、地域活性化失敗の大きな要因である。なぜ人口集積は難しいのだろうか。人口集積が進む地域ができるということは、少子高齢化が進む現代において、人口減少にさらに拍車がかかる地域が出てくるということに他ならない。この集積と過疎という分化が大きなハードルとなっている。

もっとも、人口減少はただちにその地域の衰退や消滅を意味するものではない。農林水産業のように一定のパイを分け合うことで経済が成り立っている地域では、分配に参加する人数の減少が一人当たりの取り分を増やすという状況が生じることがある。第一次産業に限らず、自然環境や史跡などの観光資源が稼ぎ頭となっている地域についても同様の現象が生じうる。その一方で、人口減によってパイそのものが減ってしまう（その結果一人当たりの所得も低下する）環境にある地域も多い。さらには、人口減によって行政や共同体維持のための固定費用負担に耐えられなくなる地域もあるだろう。維持可能な規模を下回ったエリアはどのような状態に至るのだろうか、そして、その再生策はあるのか。

全国的な人口減少が起こる前から、存続の危機を経験してきた地域がある。それが、中山間地域における小規模集落——過疎集落、限界集落と呼ばれる地域である。人口減少によって何が起きるのかについて、日本国内では多数の事例が見られる。

本章では、『撤退の農村計画』の編著者であり、農村計画学において次善の策としての集落移転（自主再建型移転）を研究されている、林直樹氏に日本の過疎の未来について講義していただく。前半が林先生のレクチャーパート、後半が私との対談パートという二部構成となっている。

初めに「過疎」を定義し、過疎集落問題の現状を見ることを通じて、今後、他の地域で本格的に生じる人口減少問題に備えて実際的な知識を得たい。

林氏には、存続が怪しくなった地域の再生と、それが不可能となった場合の選択肢である集落移転と消滅について、その長短を解説いただく。集落移転と聞くと、ダム建設や自然災害などによる強制的な移住を思い起こし、ネガティブな印象が拭えないという読者も多いかもしれない。しかし、自発的な集落移転と強制的な移住政策は別物である。地縁や地域の記憶を維持しながら、個々人の生活の持続性を高める方法として、移住は一つの選択肢となる。何を維持し、何を諦めるのか——これから日本がとるべき政策の方針を考える上で、過疎集落の集落移転が提供する教訓は多いのではないだろうか。

## 講義　林 直樹

### 「過疎」を測る五つの指標

地方、地域の維持可能性を巡る議論は、それぞれの立場からオリジナルな定義で語られているきらいがあります。「何を守るか」の「何」が論者によって異なるまま、守ることが可能かどうかばかりが声高に議論されてしまったり、「守るべき」という「べき論」になってしまったりしています。

まず「過疎」とは何を指す言葉なのかをはっきりさせましょう。私は過疎の度合い（過疎度）を五つに分けて考えています。

## （1）個々人の生活から見た過疎度

たとえばこの先も通院が可能か。生活に必要な買い物はできるかといった側面から見た過疎の度合いです。子どもから支援を受けることが可能かどうかも考える必要があるでしょう。

## （2）住民の共同活動から見た過疎度

これはお祭りのような「活動」ではなく、近所の助け合いの程度で測ります。最近は行政サービスが充実しているので、住民の助け合いの消滅がそのまま集落消滅につながるわけではありません。

## （3）帰属意識から見た過疎度

集落や家への帰属意識が強い人は集落から出ていかないことを選ぶ傾向があり、いったん転出してもUターン率が高くなると思われます。しかし、若い女性がいなくなった集落では、次第にそこを生まれ故郷とする人がいなくなっていくため帰属意識から見た過疎度が高まり、集落消滅の可能性が高まります。墓地がそこにあるかどうかも帰属意識に強い影響を与えていると考えられます。

（4）財政から見た過疎度

自治体財政の弱体化と過疎には強い関係があります。おおまかには、財政力指数や実質赤字比率などで財政的な過疎度を測ることができます。

（5）産業としての農林業から見た過疎度

農業地域の過疎度については、耕地面積や大消費地からの距離などで測定できます。ただし、これについてはTPPによって状況が大きく変化するかもしれません。

一絡《ひとから》げに「過疎」といっても、少なくとも、この五つが複雑に絡み合っていて、過疎地域ごとに危機の中身が大きく異なります。人口が何人いればいいのか、最適な人口密度はどれくらいなのかという線引きはなかなか難しいものがあります。過疎問題が「限界集落」という言葉でさかんに議論されるようになったのは、環境社会学者の大野晃先生の研究がきっかけですが、大野先生が問題にされているのは主に（2）の共同活動です。限界集落というと、「もう消滅するしかない」というイメージを持つかもしれませんが、先ほど述べたように行政サービスによる補完要素もあるのですべてが即消滅というわけではありません。極論をいえば、最後の一戸しか残っていなくても生きていけるくらいに行政サービスが充実している地域もありますので、共同活動消滅イコール廃村ではありません。

いろいろなスタンスがあっていいと思いますが、私は、（1）の個々人の通院や買い物が、当面の課題としてもっとも重要と考えています。「地域内に病院がなくなるかどうかの人口密度を考える」といったことが重要になりますが、そこまで絞り込んでも、最適な人口密度を測ることは簡単ではありません。

## 高齢化率予想のショッキングな数字

これまでの過疎は、ある意味で〝恵まれた〟過疎であったといえます。局所的に見ると人口が減少している地域もありましたが、国全体の人口がどんどん増えて経済が拡大し、国の税収も増えて地方にたくさんのお金が流れてくる状況だったからです。

ところが、今後は国全体でも人口が減っていきます。国全体の経済規模も縮小し税収が減ることで、国から地方へのお金の流れも細くなります。人口減と収入減のダブルパンチを受けつつどうやって生き延びていくのか、非常に厳しい状況です。

今後、日本だけでなくたとえば中国でも急速な人口減少期を迎えます。東アジア全体が人口減少する時代における国土利用の青写真を提供したい、そんな大きな視点も持ちつつ「撤退を含む再編戦略」について研究しています。

まずは集落を取り巻く状況の変化を見てみましょう。

高齢化率に関して、二〇〇五年の時点では、全国のほとんどの地域で四割未満でした。ところが推計では、二〇四〇年になるとかなりの地域が四割以上で、五割を超えるところも多くなることが予想されています。これまでの村おこしには「村に若者がいなくても、都市では若者が余っているはずなので引っ張ってくればいい」という発想がありましたが、二〇四〇年ではもはやその考えは通用しなくなります。

「増田レポート」は危機を喧伝するような書き方になっていましたが、その提言もまた「都市から地方に移住させる」という考えに基づくものでした。その後、増田レポートに同調する意見も批判的な意見もたくさん出てきましたが、建設的な議論から離れていってしまっているのではないかと危惧しています。いわゆる中山間地域だけで集落は六万以上ありますが、置かれている状況は皆違います。個々の差を無視して一緒くたにして「すべて再生する！」「もう諦めたほうがいい」と主張するだけでは、現実的な処方箋は出てこないと思います。

できるだけ多くの青写真を我々が提供し、その中から個々の集落の状況に合ったものを選んでもらい、カスタマイズしてもらうことを目指したほうが建設的な流れが生まれるのではないでしょうか。私がこれからお話しする「自主再建型移転（集落移転の一種）」は青写真であり、あくまでも選択肢の一つに過ぎません。「過疎集落はすべて移転すべきだ」と言っているのではないことを強調しておきたいと思います。

## 選択肢を持つことの重要性

集落移転には三つ種類があります。一つはダム建設といった大規模な工事に伴う移転。二つ目が土砂災害の危険が高まった場合などに行われる防災のための移転。そして三つ目が過疎緩和のための集落移転、主として生活が非常に不便な山間地から麓《ふもと》へ、あるいは小都市の辺縁部への集落移転であり、これを私は「自主再建型移転」と呼んでいます。

自主再建型移転は、政府から押しつけられるものではなくて、集落全員の選択肢の一つであることが絶対条件です。近年、実際に移転した集落のサイズは四～二〇戸です。計画的な集落移転となれば、個々人の金銭的な負担も軽減されるでしょう。自主再建型移転は、一〇〇戸以上の規模であっても有力な方法ではありますが、戸数が増えると住民全員の合意形成が困難になります。一〇戸くらいに減少した時点でやっと話がまとまる、というのが現実的な線だと思います。

心配すべきは「手遅れ」です。自主再建型移転では、決定から移住完了まで数年以上かかりますが、後期高齢者ばかりになってしまったような集落では、その間に手遅れになってしまう可能性が高い。移転準備を完璧に行うのも大事なことですが、残された時間も強く意識する必要があります。

自主再建型移転をどのように考えるかは人それぞれだと思いますが、私は「伝統を守りやすい場所に移動し、再興の好機をじっくり待つ」ものと見ています。土地も歴史もコミュニティもすべて捨てて散り散りになるのではなく、近くでそれらを守りながら、再び元の場所を活性化させるチャンスを待つ。選択肢の一つとしてこういうアイデアを持つことは、決して不幸なことではないと思うのです。

さらに、自主再建型移転は「従来の農村活性化が失敗したときのセーフティ・ネット」になるということも強調しておきます。活性化の失敗がそのまま集落全滅になってしまうような状況では誰だって臆病になりますが、いざというときの「少し譲歩して好機を待つ」が最後のカードに残されていれば、逆に思い切った活性化に取り組むことが可能になると思います。

図表1　都府県の農業集落のスケール感

| | 都市的地域 | 平地農業地域 | 中間農業地域 | 山間農業地域 |
|---|---|---|---|---|
| 集落数 | 30,739 | 33,699 | 41,586 | 22,502 |
| 農家数（戸／集落） | 23.2 | 29.2 | 22.3 | 17.3 |
| 非農家数（戸／集落） | 615.6 | 77.0 | 54.7 | 34.5 |
| 総面積（ha／集落） | 100.0 | 113.6 | 212.2 | 465.7 |
| 田の面積（ha／集落） | 13.0 | 31.4 | 15.1 | 10.0 |
| 畑の面積（ha／集落） | 5.6 | 10.3 | 6.9 | 4.3 |
| 樹園地の面積（ha／集落） | 1.9 | 3.1 | 3.3 | 1.5 |

出典：農林水産省統計情報部『2000年世界農林業センサス：第9巻農業集落調査報告書』農林統計協会、2002

## 「中山間地域」とはどんな場所か

ここで、自主再建型移転が考えられるような山間地とはどんなところなのかを整理しておく必要があります。図表1は、北海道を除く各都府県の農業集落のスケールを示した表です。

いわゆる「中山間地域」とは、この表の中間農業地域と山間農業地域を合わせたものですが、合計で六万を超える集落数となっています。ここでは、さらに厳しい状況に面している山間農業地域を見てみましょう。集落数は二万二五〇二で、一集落当たりの農家数は平均一七戸ほどとなっています。総面積の平均は四六五・七ヘクタールです。一ヘクタールは一〇〇メートル×一〇〇メートルですから、かなりの大きさです。ただし、山林が大部分を占めていて、田は一〇ヘクタール、畑が四・三ヘクタール、樹園地が

図表2　山間農業地域の総戸数規模別農業集落数（北海道は除く）

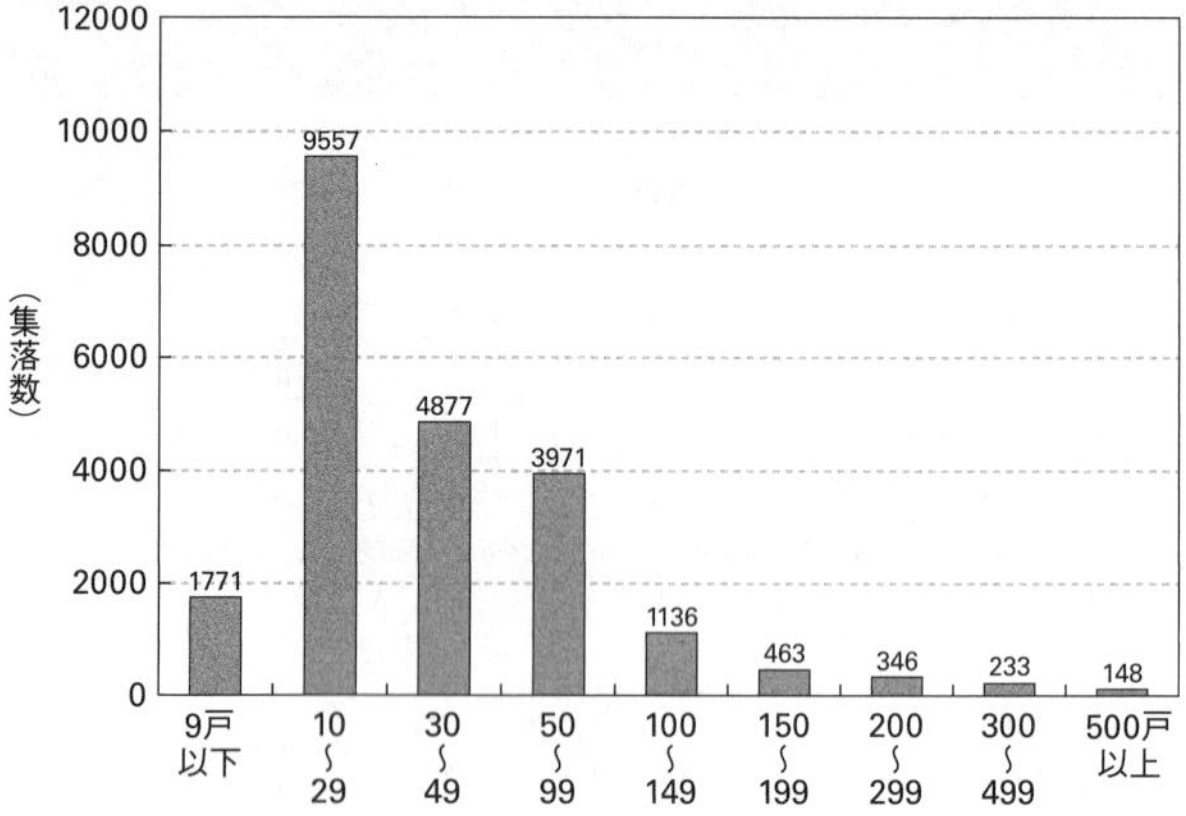


出典：農林水産省統計情報部『2000年世界農林業センサス：第9巻農業集落調査報告書』農林統計協会、2002

一・五ヘクタールとなっています。

この平均戸数は、巨大集落の存在によってだいぶ引き上げられています。次の図表2のほうが適切かもしれません。もっとも多いのが一〇〜二九戸で、九戸以下になってしまったところも一七〇〇集落を超えています。

では、山間地の日常がどのようなものかについて少し説明します。日本の場合は、どの都市にいても車で二、三時間行けばどこかの山間の村に着いてしまいます。実際に行ってみると、平日の昼間に見かける人はほとんどが高齢者です。まったく家屋がないところをずっと車で走っていくと突然、買い物用のカートを押したおばあさんが歩いているのに出くわす、そんなこともあります。近くに診療所や商店があることは非常に稀《まれ》で、バス停がないことも珍しくありませんし、あったとしても便数が少ない。私が九州の山間で見かけたバス便は、一週間に一往復でした。

生活の悩みは、若者と高齢者ではまったく異なりますが、高齢者についていえば、買い物、通院、雪国であれば除雪、大きくはこの三つに集約されます。長期的には家や土地の跡取りがいないといった悩みもありますが、当座はこの三つです。

ただし、自家用車が利用できる限りはそこまで不便ではありません。車で三〇分から一時間も行けば大きな店や病院には行けるので、マイカーを持っている人にとっては大きなハンディキャップはないでしょう。マイカーがなくてもすぐ近くに子どもが住んでいて、何かあると車で来てくれるというパターンも多いので、一見すると厳しい状況でも実はそうでもないということが多々あります。雪害や、最近ではシカやイノシシによる食害も大きな問題ですが、それでもそこに住むという選択をすることは可能だといえます。

現実問題として最悪のパターンは、集落に住んでいる人が高齢化で病気がちになり、通院や介護のために集落をポツリポツリと離れ、四散していくケースです。その場所に踏みとどまって自然に消滅に至ることも一つの道ではありますが、少し余力のあるうちにみんなで麓に下りるという選択もあるのではないか。それが自主再建型移転という方法なのです。

図表3　集落移転の感想（グラフ内の数字は回答数）

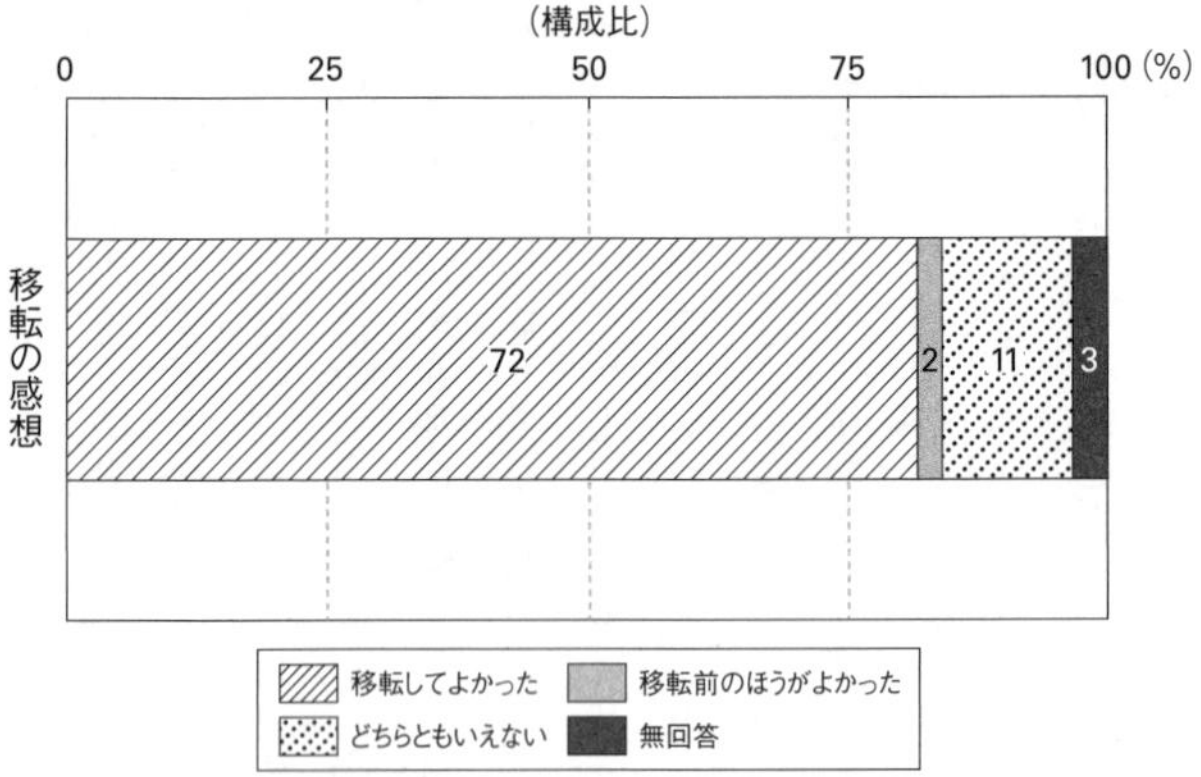


出典：総務省自治行政局過疎対策室『過疎地域等における集落再編成の新たなあり方に関する調査報告書（平成13年3月）』2001

## 移転したほとんどの人が満足

集落移転そのものはかなり前から行われていたことで、一九七〇年代あたりは相当な事例がありました。しかし、八〇年代以降は一気に数が減り、最近ではほぼ絶滅した手法になっています。私はそれを現代風にアレンジして、再び使うときが来たのではないかと考えています。

移転については、現場から遠い人ほどネガティブに評価する傾向があります。高齢者の人たちの土地への思いを無視した最悪の選択肢、といった意見が典型的です。しかし、実際に移転した人たちの声はどうなのか。実は総務省が二〇〇一年に調査結果を発表してい

### 図表4　集落移転をしてよかった点

| よかった点 | 複数回答(%) |
|---|---|
| 買い物や外出など、日常生活が便利になった | 78.4 |
| 病院や福祉施設が近くなり、医療や福祉サービスが受けやすくなった | 72.7 |
| 自然災害や積雪などによる不安が少なくなった | 53.4 |
| 学校が近くにあり、子どもの通学が楽になった | 31.8 |
| 自分や家族の仕事がやりやすくなった | 27.3 |
| 集落内の共同作業や役まわりなどが楽になった | 23.9 |
| 人との交流や学習の機会が増えた | 20.5 |
| 公園、公民館、図書館など、公共施設が利用しやすくなった | 19.3 |
| 収入・所得が増えた | 5.7 |
| 離れていた家族と一緒に住むようになった | 5.7 |
| その他 | 2.3 |

出典：総務省自治行政局過疎対策室『過疎地域等における集落再編成の新たなあり方に関する調査報告書（平成13年3月）』2001

ます。山間地から麓への自主再建型移転に限定した調査ではありませんが、「移転してよかった」という人がほとんどです。「移転前のほうがよかった」と答える人は非常に少ない。

具体的に何がよかったのかという質問には、「日常生活が便利になった」「医療や福祉サービスを受けやすくなった」という回答が多く、「自然災害や積雪などへの不安の軽減」がそれに次ぐ、という結果になっています。先ほど挙げた山間地集落での高齢者の代表的な不安を、しっかりと解決していることがわかります。

災害などをきっかけとしたものを除くと、近年の移転の一例として、一九八九年に鹿児島県阿久根市本之牟礼《ほんのむれ》地区で行われた七戸の移転を挙げることができます。もともとは一〇戸あった集落ですが、七戸が役場の近くに集団で移転し、残りの三戸が個別で市町村外に移転しました。移転から約二〇年経った二〇〇八年に調査しましたが、移転したおばあさんから「振り返ってみると（それまで住んでいた地区に）住めたのは若かったからだ。連れてきてもらってよかった」という話を伺いました。また、同じ集落の人たちと一緒に移転するので「以前からの仲間がいるから心強い」ともおっしゃっていました。地縁が維持されていることで、集落がまるごとで下りてきたような感覚があることがわかります。

「若かったから」というのも示唆的で、移転の真のありがたみは、年月を経て、足腰が不自由になってから感じるもの、と思っています。これも重要な点です。

もう一つ、古いですが例を挙げます。一九六四年に滋賀県米原市の旧伊吹村、太平寺集落で行われた移転です。セメント会社の協力もあって、山間地から麓に集団で移転することができました。移転先の土地は広く、ゆったりと落ち着いた生活が確保されています。ここは二〇一四年に調査に行きましたが、興味深いのは移転後に戸数が一六から三三に増えていることです。移転前に出ていった親戚が戻ってきたとか、分家したといったことがあったようです。また、もともとの集落にあった「円空の観音像」も一緒に移転したので、宗教的な拠り所も確保されています。このときは元の集落も見に行きましたが、草や低木が生い茂っていて家があったとは思えないような状態で、自然に戻りつつあるようでした。

## 市町村の財政改善にも貢献

自主再建型移転のメリットをもう少し考えてみます。山間地の高齢者が、今いる場所に住み続けたいという強い希望を持っていることは事実です。しかし、現実には通院や介護の問題を理由に、施設や子どもの家に向かうことも珍しくありません。それで幸福を感じる人も少なくないと思いますが、中には「そうなったら人生おしまいだ」と思っている方もいらっしゃいます。土とともに暮らしていた人が、いきなり土から引き離されて都市部に移った途端、精神のバランスを崩してしまった、といった話を聞いたこともあります。実の息子が歓迎してくれても、お嫁さんがそうではないということもありますから、散発的な個別の移転は、望まれない結果を生むこともあるわけです。

その点、自主再建型移転では、通院・介護がしやすい環境へみんなで移ることで、移転先に適応できないといった問題を回避したり、和らげたりすることができます。現段階では仮説に過ぎませんが、移転の満足度が高いことの背景にはそのような事情があるのではないかと考えています。

自主再建型移転のもう一つのメリットは、行政サービスの効率が向上することで、財政の持続性が若干高まることです。とはいえ、ここはとてもデリケートなところで、細心の注意が必要です。最大の受益者は移転した住民であるということが自主再建型移転の前提で、財政のために住民を強制的に移転させるようなことは厳禁です。住民のための移転の副次的な効果として財政も改善される、という認識が必要であることを強調しておきます。政府による強制的な集落移転は私たちが提案する「自主再建型」の移転ではありません。

また、国家財政が将来いっそう厳しくなるとして、地方自治体には、中央からのお金が来なくてもやっていけるような体質改善が求められますが、国レベルで見れば、過疎の集落が一〇〇〇〜二〇〇〇移転したところで、大した歳出削減にはなりません。財政再建には、もっと長期かつ広域的なビジョンが必要です。この研究を始めた当初は、集落移転には国家財政の改善への寄与もそれなりにあるのではと少し期待していました。しかし、国というレベルで見ると、それほどのインパクトはないことがわかりました。ただし、市町村レベルで見れば財政改善への寄与は小さくないでしょう。

## 自主再建型移転はなぜ消えたのか

住民、財政両面にメリットのある自主再建型移転ですが、一九九〇年代に入ってからはほとんど行われていません。その要因として推測されるのは、①道路ネットワークへの過度の期待、②村おこしへの過度の期待、③市町村側の事務的なマンパワーの余裕がなくなった、④手法そのものが忘れ去られた、の四つです。

①については、八〇年代に国づくりの方針、国土形成の方針が大きく変わったことが影響していると考えています。極端な言い方をすれば「道路さえ整備すれば日本から僻地はなくなる」というくらいに、国土政策が道路ネットワークの充実に偏っていきました。残念なことに公共交通は弱体化していったわけですが、道路を整備するから集落移転など必要ない、と考えられたのではないかという仮説です。

②の村おこしも、それで活性化されれば移転の必要がなくなるという理屈です。③のマンパワーは少し種類が異なりますが、市町村合併などもあり、そこに割く力がもはやないのではないか、という推測です。そういう環境下で、④の手法そのものの忘却が起こったのではないかと考えています。移転自体の評価が低下したというより、集落を取り巻く状況が大きく変化し、「影が薄くなった」と考えるほうが、しっくりきます。

とはいえ、過疎の村で話をするとき、恐る恐る自主再建型移転を切り出すことがあるのですが、話そのものが頭ごなしに拒否されたことはありません。実施するかはさておき、話そのものにはわりかし肯定的で、「えっ、そんなやり方があるの？」「もうちょっと聞かせてよ」と言われることがあるぐらいです。現地で厳しさに直面しているがゆえに、使える選択肢を一つでも増やしておきたいと思っているのではないでしょうか。

新潟県中越地震のあとにも集団移転が行われたのですが、そのときに移転した集落の隣接地区が数十年前に移転したことがあり、住民の間でイメージが共有されていて、合意形成が比較的にスムーズにいったという話を聞いたことがあります。手法が忘れ去られるということは、見本となるモデルが想起されなくなるということで、かなり難しい状況になっていると感じます。移転先は理想郷ではありませんが、地獄でもない。元に近い生活が、これまた元に近い場所で淡々と続いていくに過ぎないのですが、こういうイメージは言葉だけではなかなか伝わらないという難しさがあります。

## 誤解されているデメリットもある

物事にメリットとデメリットが必ずあるように、自主再建型移転にも当然デメリットがあります。移転が実施されると多くの場合、跡地の管理がある程度、粗放化（簡素化）します。

それに関連し、よく指摘されるものとして、

①国土が荒廃する
②河川下流で洪水が発生する
③国産米不足に陥る
④生物多様性が失われる
⑤獣害の悪化
⑥人工林の放棄による荒廃
⑦山の恵みを利用する民俗知の消滅

などが挙げられると思います。

まず、①の国土荒廃は、田畑や人工林などの「半人工的な緑」が放棄された場合、自然には戻らず、草木が生えないようなひどい荒廃状態に変化するのではないか、という懸念です。しかし、日本の国土は降水量などの面で非常に恵まれていて、長期的に見た場合、放っておけば自《おの》ずと森林に戻ります。乾燥している国や永久凍土とは条件がかなり違うので、この懸念にはあまり根拠がありません。

②は①と関連していますが、農地や人工林の保水力がなくなると、河川に雨水がそのまま

流れ込むので下流で洪水が頻発するという指摘です。確かに禿げ山であれば保水力は低下するでしょうが、実際は長い時間をかけて天然林に戻ってしまうので、これも考えにくいです。時々、戦前の禿げ山の写真とともに「放棄すると大変なことになる」と危機を煽り立てるような言説を見かけますが、あれは木を伐採しすぎて禿げ山になったのであって、放棄したためではありません。

田畑の保水力による洪水防止機能を金額で評価すると、年間で三兆円を超えるという試算を三菱総合研究所が公表したこともあります。が、それはコンクリートで固めてしまったような場合と比べると三兆円分の治水対策に匹敵するという話で、比較する対象が極端です。

繰り返しになりますが、放棄された田畑は長い時間をかけて森林に変化します。以前、電力中央研究所で私は、森林と田畑の洪水防止機能の「差」を試算したことがあります。確かに、森林より田畑のほうが洪水防止機能は高いのですが、日本のすべての田畑が森林に変化するという非現実的な状況を想定しても、それに伴う損失は年間でわずか三七三億円程度でした。二〇〇九年度の防災関連予算は二兆一七〇二億円ですので、治水ダムとして田畑を維持することにこだわる必要はないでしょう。

現実に、毎年膨大な面積の田んぼが放棄されていますが、それによって下流で洪水が多発

していると いう科学的な報告を見たことがありません。

③の国産米不足は、田んぼが耕作放棄地になることでコメが足りなくなるというものですが、そもそも生産調整などにより、全国の田の三五％（二〇一三年）では、主食用のコメを生産していません。それに対して、山間農業地域にある田は全体の九・九％（二〇〇〇年）です。仮にこの九・九％がすべて放棄されたとしても、コメ不足は考えられません。

水田放牧

ただ、そうはいっても万が一に備えたいという人もいるでしょう。食糧や石油が輸入できなくなるという可能性は非常に低いと思いますが、田を草地のままキープしておくという方法もあります。これについては、牛の放牧が有力ではないかと思います。田んぼも放棄すれば森林に戻ってしまうのですが、いったん森林になってしまうと、もう一度開墾して田に戻すのはかなり大変です。しかし牛を放牧しておくと、写真のような草地の状態に留まりやすくなります。これなら田んぼに戻す時間もかなり短くなるでしょう。

次に④の生物多様性の低下ですが、程度はさておき、これ

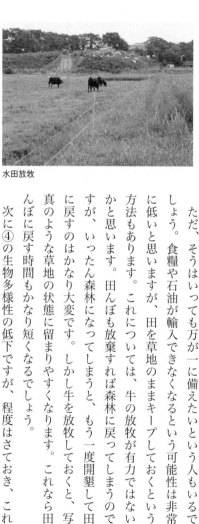

は確かといえます。農村には、田畑、草地、ため池、森など、多種多様な土地利用があり、それらがモザイク状になっています。当然、生息環境も多様でいろいろな生物が住んでいますが、そこが森林になれば、それ以外、たとえば田で生きていた生物たちは姿を消してしまうでしょう。

ただし、これは工業排水で生息地が破壊されるといったことによる生物多様性の低下とは意味合いが異なります。山間の小さな田んぼが森に変わり、たとえばカエルが見られなくなることで、誰がどのように困るのか。カエルの価値を否定するつもりはありませんが、現実味のある説明ができる人はいないと思います。カエルの価値はさておき、広域的な視点から重要な生息環境を選んで確実に守れば、生物多様性を下げずに自主再建型移転を行うことも可能と考えています。

⑤の獣害、シカやイノシシの害が増えることも事実です。局所的に深刻な影響もあるでしょう。ただし、これが国民的なダメージになるかというとそうではないと思います。『撤退の農村計画』の共著者である江成広斗さん（山形大学農学部准教授）は、野生動物の管理手法を変えて、野生動物のゾーンと人間のゾーンの棲み分けを図り、その境界線をなるべく真っ直ぐで短くすること、間に緩衝帯を設けるなどといったことを提唱されています。境界線

が入り組んでしまっているからこそ獣害も増えている面があり、そこを整理して管理することで対策の全体的な負担を小さくできると言っています。

## 放置すると山は荒れるのか？

⑥のように、スギ・ヒノキが植林された人工林が荒れることも懸念されています。まず確認しておきたいのは、移転とはほとんど関係なく、条件不利地の人工林は、この先放棄される可能性が高いということです。なんでもかんでも移転のせいにされては困ります。

放棄された人工林は少しずつ天然林に置き換わります。ただし、時間はかかります。二〇〇～三〇〇年以上かかるかもしれませんが、人工林が天然林に置き換わった結果、洪水緩和機能や水資源貯留機能が低下する可能性は非常に低いです。

手入れの悪い人工林では地滑りや崖崩れが頻発し、管理された人工林や天然林では起こらないようなイメージがありますが、そんなことはありません。人工林であれ天然林であれ、地滑りや崖崩れは起きるときは起きてしまいます。いずれにしても、山林維持のコストがゼロになることはありません。細かく見れば、ヒノキの人工林を放置することで表土が流出する可能性が高まるといったことが考えられます。そのような場合は、天然林に変わるのを少し手助けする必要があるでしょう。

もう一つ指摘したいことがあります。それは、日本には人工林が多すぎるということです。二〇一二年の段階で一〇二九万ヘクタールの人工林がありますが、岡裕泰氏と久保山裕史氏の試算によると、仮に今後、製材・合板用材の自給率が一〇〇%になると仮定しても、必要となる面積は多めに見て約五〇〇万ヘクタール、半分弱です。全体的に見ると、更新について注意が必要ですが、木材不足に陥る可能性は低いと思います。

## 民俗知の種火を残すための拠点

最後に残った懸念が⑦の民俗知の消滅です。山で暮らしてきたおじいさん、おばあさんと一緒に山を歩けば、「これは食える」「これは食ったら死ぬ」「これは薬になる」などと、いろいろなことを教えてもらえるはずです。その種の「資源」に関する知識が失われてしまった場合、あとから取り返すことはできません。山の恵みを持続的に利用する文化的な技術、民俗知には、食料不足やエネルギー不足に対する備え、保険という側面があります。民俗知が失われたところですぐに困る人はかなり少ないでしょうが、将来、何らかの要因で食料不足に陥ったときの保険として、計画的に残しておくことは有用だと思います。民俗知の実践の場が縮小すれば、民俗知そのものが減少してしまいます。

ただしこの保険は、起こる確率が非常に低い事故への備えです。月々の保険料で国民の生活が圧迫されるようなことは許されません。民俗知を守るためにはどんどん補助金を投入すべき、という話ではありません。放っておくとすぐにそういう主張になってしまうのが少し心配です。

民俗知を守るのは、ただでさえマンパワーが不足している現状では、かなり厳しいものがあります。私が提案しているのは、集落単位ではなく、複数の集落が含まれるような「地域」単位で民俗知を守る方法です。民俗知継承の拠点となる集落を厳選し、そこを確実に守ることで、「地域」の民俗知の喪失を防ぐという方法はいかがでしょうか。私は、このような拠点としての集落を「種火集落」と呼んでいます。もちろん、個々の集落の民俗知に優劣をつけるという話ではありません。

山間地の集落が置かれている状況は、麓に病院や商店、幹線道路があって、そこから枝道を入っていくと谷筋にポツリポツリと家々があるというものです。放置すればそれらが共倒れになってしまう可能性があります。民俗知の継承という点では、そうなる前に民俗知を日々の実践の中で守るための拠点集落（種火集落）を形成し、その他の集落については移転や自然消滅も容認するという考え方があってもいいと思います。すべての集落がそのまま残ることが最高ですが、それが不可能な地域では自主再建型移転と種火集落との合わせ技で、個々の生活を維持しながら、民俗知の喪失を防ぐ道もありうるのではないかと考えています。

ソーシャルICTといった新しい技術がこれだけ急速に発展している中、今後もっと違う手段も出てくるかもしれませんが、種火集落の形成は現時点でできる効果的な選択肢のひとつであろうと思います。「故郷を守る」という意識を持ってこれからUターンする方々も、バラバラに分散するのではなく、拠点集落に集まったほうがいいと思います。あえて山の中という厳しい環境に踏みとどまるには、田舎暮らしに憧れるレベルの意識ではおそらく不十分だと思います。

とにかく、山を下りる人と、あえて山を登る人、それぞれの選択肢を切り捨てないことが重要です。

## 移転は「敗走」ではないという意識が重要

自主再建型移転の概要をお話ししてきましたが、明るい未来につなげる移転であるためには何が必要なのでしょうか。私の考えるポイントは四つです。

**①内部の人の力で意思を固めることが大切であり、外部の人はあくまで支援に徹するべき**

移転については、当事者全員が納得して選ぶこと。内部の力で意思を固め、外部の人は支援に徹し、意識決定に介入しないことがとても重要です。国からの強制による移転は論外。

**②故郷を捨てたという罪悪感を緩和するために、跡地をなるべく美しく保つ**

都市住民にはわかりにくい感覚かもしれませんが、移転者が「故郷を捨てた」という漠然とした罪悪感を抱き続ける可能性があるので、跡地はなるべく美しく保つように努めるべきと思います。

**③移転先に家庭菜園を確保し、住民と土とのつながりを保つ**

先ほども少し触れましたが、土から引き離されることで高齢者が調子を崩すことがないよう、移転先にも家庭菜園を確保すべきと考えます。

**④経済的な理由による置き去りを防ぐため、公営住宅など多様な選択肢を準備する**

高齢の方が家を新たに建てるのは経済的事情のみならず難しい面があります。家を建てない人が取り残されてしまっては何のための集団移転なのかわかりません。一軒家を建てたい人は建てる、そうでない人のために公営住宅も用意する、というやり方で、移転後もコミュニティを維持できた事例もあります。

さらに条件を付け加えていくならば、自主再建型移転についての知識を高めることも大事ですし、移転は「敗走」ではなく、再興を待つための手段という前向きな気持ちを持つことも重要です。また、農村計画と都市計画がバラバラに策定されていて、有機的に連携していないということも問題です。都市計画として死守しなければならない地域が明示されていれば、農村計画を立てる側としても安心して移転先の候補を提示できるのですが、今の状況では、数年後にまた状況が変わってしまうという不安があります。都市と農村を包含する詳細な国土利用計画が策定されることを望みます。

移転先というのは戸建ての持ち家が基本となりますが、私は別にそれにこだわる必要はないと思っています。福祉施設と一体化した集合住宅なんかもあってもいいのではないでしょうか。過去にこだわる必然性はどこにもないので、状況に合った方法をどんどん考えていくべきです。

## 集落が維持可能な産業とは

繰り返しになりますが、移転はやはり次善策です。いきなり移転に飛びつくのではなくまずは活性化、現地再建のための方策をしっかり考えることが大事です。

これまでの活性化は過疎集落からの転出を防ぎ転入を増やす、つまり、人口増加か、最低でも現状維持を前提にしたものでした。私はこれを「人口増加型現地再建」と呼んでいます。人口が多ければ公共交通網も医療施設も維持できるので、高齢者の買い物や通院の負担も間接的に軽減することができます。とはいえ、もはや多くの地域でこれは不可能になりつつあります。

人口増加は棚上げして、今、過疎集落に居住している高齢者の負担を直接的に軽減するタイプの現地再建もあります。移動販売車、訪問介護への支援など、こういった方法を「補助的現地再建」と呼んでいます。

まず、伝統的な活性化といえる「人口増加型現地再建」から考えてみましょう。なぜ若者が過疎地域から離れていくかといえば、誰でも言っていることですが仕事がないこと、ほぼこの一点に尽きます。それも結婚して、子育てができるくらいの収入を得られる仕事があるかどうかが問われています。子どもを高校、大学に行かせるとなると五〇〇万円くらいは所得が必要になると思いますが、山間地で考えられる新しい仕事といえば、やはり農業でしょう。

## 図表5　野菜作の作付延べ面積あたりの収入

| 野菜作作付延べ面積 | 年金等を除いた総所得（千円） | 経営耕地面積（ha） |
|---|---|---|
| 0.5ha未満 | 2,663 | 1.310 |
| 0.5〜1.0 | 4,946 | 1.969 |
| 1.0〜2.0 | 4,815 | 2.371 |
| 2.0〜3.0 | 6,320 | 3.619 |
| 3.0〜5.0 | 7,982 | 6.040 |
| 5.0〜7.0 | 10,015 | 7.014 |
| 7.0ha以上 | 11,630 | 15.512 |

出典：農林水産省大臣官房統計部『平成23年営農類型別経営統計（個別経営、総合編）』2013

## 図表6　水田作の作付延べ面積あたりの収入

| 水田作作付延べ面積 | 年金等を除いた総所得（千円） | 経営耕地面積（ha） |
|---|---|---|
| 0.5ha未満 | 1,710 | 0.729 |
| 0.5〜1.0 | 2,080 | 1.246 |
| 1.0〜2.0 | 2,280 | 1.914 |
| 2.0〜3.0 | 2,956 | 3.074 |
| 3.0〜5.0 | 3,982 | 4.714 |
| 5.0〜7.0 | 4,303 | 6.565 |
| 7.0〜10.0 | 5,669 | 9.123 |
| 10.0〜15.0 | 7,310 | 14.264 |
| 15.0〜20.0 | 11,226 | 19.099 |
| 20.0ha以上 | 14,571 | 29.702 |

出典：農林水産省大臣官房統計部『平成23年営農類型別経営統計（個別経営、総合編）』2013

では、どんな農業ならしっかり稼ぐことができるのか。図表5で見ると、野菜作経営なら、野菜作の作付延べ面積が二〜三ヘクタールあれば約六〇〇万円以上の所得が得られることがわかります。仮にこの所得を生活していける水準とした場合、野菜の作付以外に用いる農地を含めると、営農全体で必要な経営耕地面積は三・六ヘクタールほどです。先ほどの図表1にあった集落ごとの田・畑・樹園地の面積を合計すると一五・八ヘクタールになりますので、それを三・六で割ると一集落に四・四世帯が生活できることになります。高齢者の方々の農業は家庭菜園規模に縮小するとして、農地の集約が可能であれば、現役世代四世帯くらいは暮らしていくことが数字の上では可能です。

ただし、これは農地の集約ができればの話ですので、現実には厳しいハードルがあります。とはいえ、全く非現実というわけでもないことが数字では見えていますし、それでうまくいく集落もありうるでしょう。うまくいけば、その種の活性化が最善策であって、次善策の一つである自主再建型移転は不要になります。

一方、水田作で集落を活性化するのは困難です。水田作で所得五〇〇万円となると、七〜一〇ヘクタールの作付が必要になります（図表6）。単純に経営耕地面積で見た場合、すべての耕地を集めて二世帯がギリギリですし、そもそも山間地では水田の集約で効率を上げることも困難です。

他の産業として、最近注目されているのがバイオマス発電です。人工林の間伐材をチップにして発電の燃料とする。これは悪い選択肢ではないのですが、実際に可能な場所はあまりないでしょう。理由は発電所が小さすぎると、採算的に維持不可能という点にあります。最低でも五〇〇〇キロワットほどの出力が必要といわれています。それでも他の発電所とは比較にならないほど小さいのですが、渡部喜智氏の試算によると、年間六・五万立方メートルという膨大な間伐材が必要になります。あくまで一例ですが、一ヘクタールの人工林で生産される間伐材は、四〇年間で一二九立方メートル程度です。単純に計算すると、二万ヘクタールに上る広大な人工林から集めて、やっと一カ所維持できるかどうかというレベルです。これが可能な地域はかなり少ないのではないでしょうか。ただし、本年度から、出力二〇〇〇キロワット未満の発電への支援が増えたので、状況が少し変わる可能性があることを指摘しておきます。

産業育成以外で集落の人口減少を食い止める手段として、二地域居住も考えられます。平日は都市で働いて、土日祝日は農村で過ごすといった生活様式です。これも方法としては良いと思うのですが、セカンドハウスを持ち、毎週交通費を払って移動し、修繕し続けるだけの経済的余裕のある人はかなり限られるでしょう。また、これから多くの都市でも人口が減少していくので、二地域居住で集落消滅を食い止められたとしても、時限的な効果に留まってしまいます。

さらにいえば、土日祝日を個人の活動でなく、集落の維持に使いたい人がどれだけいるのか、という疑問もあります。数合わせにはなっても、週末居住でどれだけ地域の維持に寄与できるのか、あまり検証されないまま期待だけが膨らんでいるように映ります。

観光地にして集客するということもよく耳にしますが、中山間で六万以上の集落がある中、観光による活性化（人口増加）が成功した事例は多く見積もっても一〇〇〇件にも満たないのが現実です。うまくいっているように見えても、投入された補助金などを考えると、真の意味での活性化といえるのか疑問が残ります。

## 「穏やかな終末期」も視野に

このように人口増加型再建にも多様な選択肢がありますが、可能性はかなり限定されているといわざるを得ません。人口増加は諦め、補助的現地再建の道を探るとなると、真っ先に出てくるのは集落の合併による再建です。これは実際に居住地を移動するわけではなく、機

図表7　集落合併（補助的現地再建）

| 移転を伴わない集落再編をしてよかった点 | 複数回答3つまで（%） |
|---|---|
| 自分の集落の人口や世帯数が増えた | 31.6 |
| 公民館や集会所などを利用した集落活動や交流が多くなった | 31.6 |
| 集落内の共同作業や役まわりなどが楽になった | 28.6 |
| 日常生活での人との付き合いやつながりが増えた | 26.5 |
| 冠婚葬祭における人々の協力・助け合いが強くなった | 14.3 |
| 行政から集落への協力や支援が増えた | 9.2 |
| 医療や福祉サービスが受けやすくなった | 4.1 |
| 自然災害や積雪などによる不安が少なくなった | 2.0 |
| 集落に支払う会費負担が少なくなった | 2.0 |
| その他 | 1.0 |

出典：総務省自治行政局過疎対策室『過疎地域等における集落再編成の新たなあり方に関する調査報告書（平成13年3月）』2001

能面での合併なので、市町村合併と仕組みは同じです。ただし、あまり評判はよくありません。

図表7を見ると、医療・福祉や、自然災害への不安など、もっとも重要なところがあまり改善していないことがわかります。過疎集落の隣もまた過疎集落ですので、合併だけでは厳しいといえるでしょう。

さらに、最近注目されているのが「小さな拠点」です。先ほどの「拠点集落」とは違う概念であることに注意してください。これは、小学校区といった範囲で診療所や商店などを集めた拠点をつくり、拠点と集落とをコミュニティバスなどでつなぐという発想です。アイデアそのものはいいと思います。拠点自体の構築はたぶん可能でしょう。ただし、拠点と集落をバスで密に結ぶことができるのか。バス交通はかなり前から厳しい状況に陥っていますが、いろいろ頑張った結果として維持不可能な状態に瀕《ひん》しているわけです。この先、何か革命的なイノベーションが起こって、中山間地域をバスが縦横に走る姿というのは私には想像できません。ただし、自主再建型移転の移転先にそのような拠点が整備されていることはとても重要ですので、小さな拠点が必要という考えそのものには賛成です。

補助的現地再建については重要な論点がもう一つあります。人口増加を伴わない補助的再建「だけ」が成功した場合、数十年後には集落が消滅する可能性があるということです。あくまでも住民が納得して選択した場合ですが、そのような緩やかな消滅、穏やかな終末の形があってもいいのではないか、それはそれで尊重すべきと考えています。大半が後期高齢者になってしまった集落の場合、無理な移転は酷です。最後の時間を幸福に過ごすため、補助的現地再建だけとする、というパターンも真剣に考えるべきだと思います。

## 「正しい諦め」の必要性

こうやって見てくると、国土利用の前提となる考え方を変えないとどうにもならないことが浮き彫りになってきます。

図表8　考え方の違い

| これまで | これから |
| --- | --- |
| 国の税収は増加する。 | 国の税収は減少する。 |
| 足りないなら、どこかから引っ張ってくる。 | 足りないなら、我慢する。 |
| 足りないものを探す。 | 諦めるものを選ぶ。 |
| 効率を向上させる。 | 長期・広域的に効率を向上させる（保険）。 |
| とにかく守る。 | （現状が維持できないなら）潜在力を守る。 |
| 理想の姿を目指す。 | 選択肢（多様性）を減らさないことを考える。 |
| 合意形成は補助的。 | 合意形成がすべて。 |
| 目標は一つ。 | 思い込みを排した複数の青写真から選ぶ。 |

国の税収が伸び続けている限り、問題を先送りし続けることも悪い選択ではなく、最適解でもあり得ます。待てば待つほど状況が全体的に改善されていくので、有力な選択肢も増えてきます。しかし、税収が減少していく局面では、待てば待つほど選択肢は失われていくでしょう。予算不足についても、引っ張ってくるあてがない以上は、我慢せざるを得ないこともあります。

さらに重要だと思うのは、諦めるものを選ぶという姿勢を認めることです。これまでの村づくりは、どちらかといえば、「足りないもの探し」でした。仕事がない、下水道がない、だから作ろう、という思考法だったわけですが、これからは諦めるものを丁寧に探していくという側面が重要になります。諦めるものを間違えなければ、それなりにいい世の中になるのではないか、と私は楽観しています。というのはこんな狭い国土に一億人以上の人が住んでいるという国は、世界的に見ても稀有《けう》だからです。自然と調和した暮らしに移行するには人口が多すぎます。それを考えると、秩序ある人口減少は、悪い話ではありません。

この先も豊かな暮らしを維持するには、これまで同様、いろいろと効率を上げることが求められます。よく「これからは効率よりもゆとりだ」という声を耳にしますが、全体が縮小していく中でゆとりをつくろうと思えば、どこかで効率を上げる必要があります。自然と調和しつつ効率を上げていくことは不可能ではありませんし、正しい「諦め」もまた効率を上げる方法になると思います。

ただし、これまで我々が追い求めてきたのは短期的な効率に偏っていたと思います。もう少し長期的な効率を目指すときに、たとえば民俗知の保全の正当性も評価されるのではないかと思います。

また、とにかく今あるものを守る、現状維持がノルマという考え方よりも、潜在力を守りつつ将来へとつなげていくという考え方のほうが重要になるでしょう。潜在力には目に見えないもの、たとえば、民俗知や、コミュニティのつながりもあります。先ほど挙げた水田放牧も潜在力の維持と考えています。この場合は、耕地としての土壌の潜在力の維持です。そういった思い切った選択をする際には、「合意形成も必要」なのではなく「合意形成がすべて」であることも強調しておきます。

さらに、これは都市にも共通していえることと思うのですが、目指すべき唯一の目標、モデルはもはやなくなった、ということも重要なポイントです。都市であれば東京を目指し、田舎は田園都市を目指すといった単一のビジョンから脱して、将来世代の選択肢を減らさないことを意識する必要があると思います。今の「正解」が、将来においても正解であり続けるとは限りません。将来どんなことが起こるかわからないという前提に立って、将来世代に多くの選択肢を手渡すことも我々の責務だと思います。

日本は北海道から沖縄まで、多様な環境に適合した多様な民俗知のある国で、全体で見れば変化に強い社会であるといえます。たとえば温暖化が進めば南の文化を北にシフトさせる、寒冷化すれば南にシフトさせる、そういったことが可能です。思い込みを排した建設的な議論ができれば、将来の青写真は多様にあるということを多くの方に知ってほしいと思います。

## 「人口減」は絶対悪ではない

**飯田**　ありがとうございました。林先生が提案されている次善の策としての「自主再建型移転」案は、限界集落問題以外の地域政策にもおおいに示唆的だと感じます。確かに、最善策としての活性化が成功するに越したことはないでしょう。しかし、いよいよそれが無理だとなった場合にも選択肢はあり得る。その意味で、一見抵抗がある案のように感じながらも、ある意味で希望ある提案とも感じます。

中山間地集落問題に限らず、地域再生は人口増加型再建を目指して行われます。しかし、人口増加が不可能ならばもうどうにもならないのか、といったらそんなことはない。その中で、人口減少下の希望あるプランを複数用意しておくことは重要です。農業経済学ではおなじみの想定ですが、特定の地域で人口が減ると一人当たりの所得が増える、いわゆる収穫逓減（人数が多いと平均的な生産性が低下すること）が生じる可能性も視野に入れる必要があるのではないでしょうか。北海道の郡部——たとえば林業地域など——では、人口減少に伴い一人当たりが活用できる山林資源が増えて、所得が増えたという状況が実際に生まれています。ただし減りすぎてしまえば、今度は地域の維持可能性の問題が出てくるわけですが。

**林**　そうですね。もっともわかりやすいのが漁業だと思います。一人当たりの漁獲量は人口減少でどんどん増えますから。人口規模、経済規模から考える維持困難な過疎の度合いを示すのは難しいのですが、人口の維持や増加だけを選択肢にするのはあまり得策ではないとは思いますね。

**飯田**　また、人口増加型の再建で現役世代の流入を図るときに、もともとの住民の存在そのものが高いハードルになってしまうことがあるように感じます。これはむしろ商店街活性化などで話題に上ることが多いケースですが、新しい人が新しい商売を始めることを既存店舗が喜ばない。コミュニティが密なので、よそ者を寄せ付けないといったケースです。過疎集落の場合には、高齢者のケアというタフな仕事をIターン者が担うことになることが予想される。わかっているから、そもそも移住がおきない。場合によっては地域の高齢者が移転したあとに、Iターン者が入ったほうがうまくいくかもしれません。

**林**　なるほど。それは考え方の一つとしてはありだと思います。商店街の場合、店を開けているだけでも生活には困っていないという人もいるわけですよね。

**飯田**　そうですね。生活には困っていないから、そこまで焦ってもいない。

**林**　過疎地域の高齢者も、いわば主産業は年金ですから、とくに困ってはいない場合もあります。困っていないだけに、将来を見据えた改革には消極的で、成り行き任せの個別の対応ばかりになってしまう、と考えることもできます。彼らが承諾し、かつ民俗知や歴史的連続性はなくなってもいいということであれば、無居住化してから新住民を招き入れることもありうると思います。

ただし、もしそうなったとしても、やはりきれいな無居住化でないとダメですよね。これは都市の感覚では考えられないことなのですが、誰の土地なのか判別できない場所が田舎にはたくさんあります。そこを整理しないまま無人にして若者を招き入れても、誰がこの土地を売ってくれるのかわからない。権利関係もきれいに整理してあれば、次につながる可能性はありますすね。

時々聞く話ですが、「Iターン者は意外と役に立たない」と思っている方もいます。地元が求めているのは共同体の戦力になってくれそうな人なのに、やってくる方は田舎で「マイワールド」をつくりたい人たち、とか。仮にIターン者が一〇人いても、地域のみんなと一緒に頑張ってくれる人、戦力になる人が一～二人いればそれで「成功」という話を聞いたこともあります。

**飯田**　僕の友人というサンプル数1の話なので一般化はできないのですが、人付き合いが苦手だから田舎に移住したという人もいます。

**林**　それは悲惨ですね（笑）。

**飯田**　人付き合いの苦手な人が、人付き合いの密度が濃いところになぜか行ってしまう。都市住民のイメージの中にある農村は「大草原の小さな家」の世界、アメリカ開拓農民の農村だったりするのかもしれません。しかし、日本の田舎は開拓地とはまったく別物です。それこそ、五親等・六親等くらいまで付き合いがあるのが普通だったりする。飯田家の本家は今も山梨ですが、親父の「はとこ」が僕の勤務校のOBだから今から電話してみようという話になったりする。「親父のはとこ」が何親等なのかわかりませんが（調べたところ七親等とのこと）。東京の感覚では「父のはとこ」は気軽に連絡を取る相手ではない（笑）。血縁・地縁ともに非常に濃い場所なんだというのだけは覚悟が必要ですよね。

**林**　そうなんですよね。求めているものと現実とのギャップをまず知ってほしいなと思いますね。

## 増田レポートの陥穽

**飯田**　過疎の問題は山間部農村地域だけではなく漁業地域でも起こりますし、規模として消滅はあり得ないにしろ、二万〜三万人規模の街でもコミュニティの維持が不可能になることはあり得ますね。

**林** そうですね。ニュータウンなども危ないのではないでしょうか。

**飯田** 僕はニュータウン育ちですが、ニュータウンのいくつかはもうどうにもならないところにきています。車がないと何もできない。便利な都市型生活が好きだけれども、当時都心に戸建てを買うほどのお金がなかった層ですから、その土地を見捨てるのも早い。

**林** 土地への愛着もないでしょうし、親には家を買ったという愛着はあっても子どもにとっては何もない。

**飯田** ただ単なる「微妙に不便な場所」というだけのことになる。

**林** そうですね。「危機が山から街へ下りてきている」ということですよね。早めにビジョンを共有できれば、地域の潜在力を損なうことなく、持続可能な状態に持っていけるのではないかと考えているのですが。

**飯田** 増田寛也さんの『地方消滅』はもっとも大きいレイヤーの都市圏の話ですが、問題意識には似た部分もあります。産業や人の集積による都市機能の維持という話になると、人口三〇万人程度の都市規模の維持が必要という話に行き着く。これはよく地域経済学の人が考える自立可能な都市規模と近い感覚です。周辺地域と併せて最低限度の成立条件が満たされているか否かという話については、都市・町村の中心集落、小集落とさまざまな規模で考えていく必要があるでしょう。小集落レベルでの維持可能性水準はどのくらいなのか。その集落が維持可能水準を下回りそうなときの選択肢が、林先生の「自主再建型移転」なのかなと思っています。

**林**　増田レポートでちょっと気になったのは、潜在力を維持しながら退くといった発想がまったく読み取れなかったことで、ちょっと残念でしたね。

**飯田**　増田レポートのいう「消滅」は、ある意味「市役所が維持可能な経済規模がなくなる」という視点ですね。しかし、市町村は役場の人間を食べさせるためにあるわけではない（笑）。知事や総務大臣を歴任された方ですから、行政の維持を重要視する姿勢もわからなくはないですが。

**林**　それも嘘ではないのですが、「それだけなんですか？」という話ですね（笑）。時間感覚がゆったりしすぎでは、と。私には五歳の子がいるんですけど、この子が後期高齢者になる頃に、日本の人口は半分に減っているんですよね。半減が五〇〇年後でしたら「まあ、大変だけどなんとかなるでしょう」というくらいですが、ここにいる子がその光景を見るのだと思うと、変化の急激さが心に迫ってきます。これだけの変化に制度が追いつくかどうか、かなり不安です。

**飯田**　このままでは到底追いつかない。公的社会保障制度は、徹底的な改革によって対応できる可能性も残されているでしょう。しかし、国土利用についてはもっと難しい。法律を変えてどうこうするだけですむという問題ではないですから。時間軸だけでなくさらにはマンパワーも減る中で国土利用の制度だけでなく、国民の感覚を変えなければならない。

**林**　国の借金は増えているし、難儀なことですよね。でも、そういう国全体のビジョンをしっかり話し合いたいと思います。私の研究は国全体で見ればいわば末端ですが、最終的には東京にも波及してくる問題ですので、大きなビジョンへの位置づけは忘れないようにしたいと思っています。

**飯田**　そうですね。日本全体では人口が減少していく。少なくともあと半世紀はこれを反転させる方法はありません。人口減少下で経済成長や社会保障システムを維持していくためには、集積による生産性向上が不可欠です。中核市への集積はすでに始まっています。すると小都市――イメージとしては人口集中地域が一万〜五万程度のところで集積の利益を生かす方法が必要かと思います。小都市にとっては、小さな集落からの移転組は最後の望みの綱でもある。麓に下りてきてもらうことで人口集中地域を保つという方法です。しかし、この小都市への集積はまったくうまくいっていない。市街地や商業が小さなところに集中していると、小さな街でもそれなりに街としての機能を保てるのですが、実際には人口二、三万人の街では土地がたくさんあるものだから、店と店の間がすごく離れていることもあります。そうなると、街であることの意味があっという間に失われていく。ごちゃごちゃっと何かある、という感じがないと人が集まらなくなるんですね。東日本大震災の被災地でも、いわゆる「仮設スナック街」はそれなりに人が集まっていました。集まることそのものが力になり得るわけです。

**林**　なるほど。中越地震は比較的山奥で被害が大きかったですが、「仮設住宅にみんなが集まっていたときは楽しかった」と言っていた高齢者がいましたね。普段は広い山の中に散らばっているから寂しい、ということでしょう。

## 種火集落形成のための条件

**飯田**　中山間地域は人口が少ないので、確かに、国家財政に対してはそこまで大きなインパクトはないかもしれません。しかし、基礎自治体の財政にとってはかなり大きな問題です。

この小市町村の財政状態の悪さは県の財政にとって大問題であり、県財政は国家財政にとっても当然の大問題ですから、過疎集落の維持問題は間接的には国家財政にインパクトがあるといってもいい。自治体財政にとっての過疎集落を維持するコストは、とくに道路網の整備は大きな負担です。これは種火集落の維持であっても必要なコストですよね。

**林** そうですね。「道路投資の評価に関する指針検討委員会」によると、雪国の場合は、市町村道一キロメートルの維持に年間九〇万円ほどかかっています。たとえば枝道を五キロメートルほど入ったところに高齢者が一人でポツンと暮らしている場合、その人のためだけに年間四五〇万円の支出が行われていることになります。これを正当性のある行政サービスとみなすかどうかについては意見が分かれるところでしょう。

**飯田** 一方で、文化的に共通項が大きい地域で種火集落を形成し集住するならば、コスト負担も相対的に小さくなりますし、文化的にも失われるものは非常に小さくなりますね。地域の各集落に共通して伝わる民俗知は多いでしょうが、「この一帯でもこの集落にしかない」というものは、そこまで多くはないと思うのですが。

**林** 「絶滅直前でこの集落に残るのみ」ということも考えられますが、全体的に見れば、「ここだけ」ということは少ないと思います。風土が変われば文化は大きく変わりますが、隣の集落と大きな違いが出ることはほとんどないと思います。小学校区程度のスケール感であれば、文化はほぼ一緒でしょう。あくまで民俗知の維持についてですが、種火集落が一つ残れば、他の衰退や移転は容認できるのではないかと思います。

**飯田**　種火集落くらいの規模であれば、一人当たりの耕地面積もある程度は確保できる。ちょっと歩けば放牧地も確保できるでしょう。農業にプラスして何かの仕事をして生計を立てることが可能だと思います。現実的には年金プラス農業所得になるでしょう。限界集落といわれるところでも、おおむね車で一時間、少なくとも二時間行けばそれなりの都市まで行ける。それ以上かかるのは北海道や東北のごく一部でしょう。

**林**　ええ。二時間行けばちょっとした街にはほぼ出られますね。ロシアみたいに「車で八時間かかる」といった場所は日本には存在しないですね（笑）。

**飯田**　北海道の農業地域の場合、家々は同じ場所に固まって、四方に農地が広大に続いていくという集落形成になっている地域も見られますね。除雪ができないと生命の危険に直結するという土地柄ゆえなのでしょうが、厳しい環境のために関東以西よりも集約が進んでいるところがあるように思います。

**林**　各地が厳しくなっていく中で、土地利用のモデルとしての北海道は興味深いと思います。

成り行き任せでは全部崩壊してしまう。歴史的な連続性が大事なら種火集落のような方法も考えてほしいですし、それすら必要ないならせめて豊かな自然に戻してほしいですね。

**飯田**　無理に山間地の集落を守るよりも、平野部の農業の集約化を図ったほうが、生産性の向上への寄与ははるかに大きいですよね。

**林**　平野部をがっちり守っておいて、山間地域は当面は種火集落をなんとか守っていくという割り切りが必要な地域も今後増加するのではないでしょうか。

## 六〇歳前後のリーダーが最適

**飯田**　農業では「土地は三代かかる」、開墾して土を改良して安定した生産をするまでに孫の代までかかるとよくいわれますよね。その分、愛着もある。その意味で、環境経済学者で農学者の川島博之氏（東京大学大学院准教授）は農地問題の決着にもやはり三代かかるとおっしゃっていました。農地改革で土地を得た世代と、親の苦労を知っている子の世代まではなかなか土地を手放さない。孫の代までいくとだいぶ状況が変わりつつある。そう考えるとこれからの一〇年で状況はだいぶ進むかもしれません。

**林**　おっしゃる通りだと思います。実際に今、一九九〇年代以降に生まれた人たちと接していると、戦後から高度成長期までをあまり知らない親に育てられているせいか、我々とは価値観がだいぶ違う気がします。バブル崩壊後、不況が固定化してから生まれた世代でもあり、特定の土地や仕事からの束縛があまりないように思います。入り組んだ土地の権利関係をきれいに整理して、集落移転にしても自然消滅にしても無難に進めていくことが可能だと思いますし、最後のチャンスなのだと思います。

**飯田**　先ほどおっしゃったように自主再建型移転も一つの選択肢であって、たとえば高齢者だらけの集落であれば、自然消滅していくほうが幸福な選択となることもあるわけですよね。

**林**　はい。たとえば八〇歳以上の人だけの集落であれば、移転するより、今いる場所で人生をまっとうし、最後の方がお亡くなりになったときに集落も自然消滅する、というほうが、住んでいた方にとっては幸福ということも考えられます。移転するにせよ、子どもの家に移るにせよ、生活環境の変化は避けられないので、ある程度の身体の元気さはやっぱり必要なんですよね。

**飯田**　その意味でもタイムリミットは迫っていて、まちおこしをするにせよ移転するにせよ、中核となるメンバーが七〇代ばかりになってしまったら、かなり厳しい気がします。

**林**　できれば六〇歳前後の人がリードしてくれる状態が望ましいですね。合意形成から移転の完了まで数年以上かかるので、六〇歳の人は移転完了時には六五歳ぐらいになる。今の平均寿命であれば、それから二〇年ほどはご存命ですから、移転のメリットが大きくなるといえます。

二〇年後の自分を思い描くのは何歳であっても難しいですし、自分自身が車の運転ができなくなるといった想像はなかなかできないものですが、そこまで考えれば、移転に否定的な感情を持つ方も、案外、悪くない選択肢ということに気がつくと思います。

**飯田**　五〇歳くらいでそれを想像するのは難しいでしょう。その意味でも、六〇歳前後の方がリードするのが若すぎずちょうどいいのかもしれませんね。

**林**　遅すぎると、それはそれで危機意識が消えてしまうものなんですよね。「まあ、なんとかなるだろう」という根拠のない楽観に戻ってしまう。ほどほどに建設的な危機意識があることが重要なポイントだと思います。

**飯田**　一九七〇年頃までに生まれた人は、その祖父母までさかのぼれば農家か一次産業従事者だったという人がまだ少なくない。祖父母が農家、または親戚に村落に暮らす人がいた、という経験があると農村部へのノスタルジックな感情も呼び起こしやすいでしょう。ところが一九八〇年代生まれになってくると、祖父母も親族も皆、都市住民という人が圧倒的に増えてきます。八〇年代以降生まれが社会の中心になっていくと、過疎地への財政的な支援への賛同を得るのは徐々に難しくなっていくでしょう。

**林**　国民的な理解が得られなくなっていきますよね。そうなれば事態は最悪です。とにかく全滅は避けるということを、もう少し考えておかないといけないという危機感が強くあります。

## 都市住民の「理想」を押しつけてはいけない

**飯田**　「撤退を含む再編戦略」の根幹として、集落の記憶とコミュニティを保つ方法には二つあるということを理解しました。一つがまちおこしに成功すること。典型的には人口増加型再建のケースです。これはよほどの条件に恵まれないと今後さらに困難になっていくでしょう。その中で、別の道が選択肢として存在するということは非常に重要です。その別の道の一つが、集落の記憶やコミュニティを移転先や種火集落で保持するということですね。放置するだけでは、他の市町村や地方にバラバラに四散するだけになってしまう。

**林**　そうなるところは少なくないと思います。転出していく人にとっても、どうせ出るのなら生活利便性の高い場所まで移りたいという思いもあるでしょう。一気に東京や大阪のような大都市に移るのではなく、街の中の便利な場所に集まるという選択は、市町村の持続性という点でも検討に値するアイデアだと思います。

そのまま放置してもうまくいくところもあれば、本当に記憶ごとなくなってしまう場所も出てくるでしょう。一〇〇の集落があれば一〇〇のシナリオがありますが、歴史的な連続性も含め、すべてが消失してしまうのはもっとも避けるべきシナリオだと私は思います。麓に下りるだけならコミュニティは保たれますし、種火集落を残せば民俗知の連続性もひとまずは維持されます。

**飯田**　高齢者の方々に、これまで七〇年生活してきた土地とまったく無縁のところに引っ越せというのは酷すぎますが、麓ならもともと買い物や通院で行っていた場所でもありますね。

**林**　その通りです。また、移転でもう一つ重要なのは、移転先の隣近所が受け入れてくれるかどうかです。自分たちとは異なる生活様式を持った集団が突然現れれば、当然摩擦も起こります。でも近場であれば、同じ小学校に通っていた人がいるといったつながりもあり、抵抗感は少ないでしょう。ご紹介した本之牟礼集落の事例では、移転してきた人たちと、移転先の近所の人たちが同じお寺の檀家さんだったために受け入れがスムーズでした。近場に引っ越すのはこういう意味でも利点があります。

**飯田**　環境の変化が最小で、便利さは維持もしくは向上しているということですね。

**林**　そうなんです。次善策としては最善――もちろん私が勝手にそう決めてはいけませんが――なのではないかという気がします。住む場所は少し変わりますが、守るべきものは守るという選択肢ですので。

**飯田**　数十年前の古き良き集落をそのまま再生したいというビジョンではあまりにもハードルが高いですよね。あまりに難しすぎるから、諦めのほうが先に来てしまいそうな……。

**林**　今はそちらが主流になってしまっています。

**飯田**　かつての集落の姿が誰にとっても魅力的であれば、現在の状態にはなっていないはずなわけです。特別な支援や偶然のきっかけで時計の針を二〇～三〇年戻してみても、もうその時点で衰退するしかない状態だったという集落のほうが多いでしょう。

**林**　時計の針はもう戻せません。また、高度成長期直前の村が理想というのは、いったい誰が決めたのでしょうか。一〇〇年単位のスパンで見れば、さまざまな外的な要因を受けて村は姿を大きく変えていることがわかります。なぜ六〇年前の村が理想になってしまうのか。自分自身が懐かしいから、というだけの発想で実際にヒトやモノを動かすのは勘弁です。実は移転の話をすると、極端に反発してくるのはおおむね都市の人なんです。現実の厳しさを知らずに「地方の切り捨てだ！」と怒り出す。でも過疎の現場でこの話をしてもそうはなりません。とりあえずかもしれませんが、ちゃんと聞いてくれる人がほとんどです。

**飯田**　都市の人ほど「理想の農村」観があったり、勤め人ほど「理想の商店街」といったコミュニティ観があったりしますね。理想を守っている人がいてほしいけど、それは自分ではないという（笑）。僕自身も都市部、しかもニュータウン育ちなので、農村や商店街への不思議な憧れは痛いほどわかるんですが。

**林**　そうですねえ。クーラーの効いた部屋で里山の写真集を見ながら里山礼賛論を書くというような（笑）。たとえば、真冬にカンジキを履いて現地調査に行くと、本当に嫌になります。夏なら一キロメートルほど歩くなんて大したことはないのですが、雪が深いと地獄ですね。私が慣れていないというのもありますが。「昔はよかった」というなら、そのあたりにも言及してほしいものです。

**飯田**　元気なうちは慣れた暮らしだから何も問題ない、ということになるかもしれませんが、病気がちになったらかなりの難事です。実際、そうして一人一人転出していって、いつか消滅するということになってしまう。

**林**　ですから、自主再建型移転という選択肢もありうるということを頭の片隅に置いておいてほしいと思うんですね。実のところ、移転案が否定されるのは構いません。しかし、そこに住み続けるのであれ、移転であれ、「そこに住むしかない」というのは選択肢ではありません。いくつかの選択肢があることが重要で、その中から「自分たちはこれを選んだのだ」と納得できれば、自然消滅という結果が同じであっても、選択肢さえなかったのとはまったく別の結末になると思います。

全国に六万以上ある中山間地域の集落の中で、現実に集落移転がどれだけ行われるかといえば、おそらくかなり少ない数になると思います。それでも、使われなかった選択肢として、そこにあってほしいと願っています。机上の善悪論から離れて、もっと地元の人の気持ちに寄り添った選択肢をたくさん準備していくのが一番誠実な方法なのだろうと思います。

## 次善策は嫌われる

**飯田**　積雪地域では、戸数が一定数を切った段階で生活は加速度的に困難になります。雪かきと雪下ろしをするには頭数が必要ですから。足腰のしっかりしている六〇歳前後までの男性がそれなりにいるうちは維持できるでしょうが、これもいつまで続くかわからない。その意味でも別の場所で集住することには現実味があると思いますね。

**林**　積雪地帯では、家の周りだけでも、雪かきするのは相当な重労働ですからね。

**飯田**　体の動く人が一定数を切った段階で、てんでばらばらに移住することになりますね。子どもがいればその家に移ることもできるでしょうが、身寄りも財力もなければ、経済的理由による置き去りが起こってしまうのではないでしょうか。

**林**　お金がなくて、行くあてがなくてそこにいる、というパターンですね。

**飯田**　福祉に頼るしかない人たちは必ずいるでしょう。そういう人には、種火集落であれ麓であれ、近い場所でコミュニティが維持されているということが大きな魅力になると思います。

**林**　私は都市住民なので想像しきれないところもありますが、高齢になってまったく異なる環境に行くというのはかなり辛そうですよね。

**飯田**　私も同感です。これは中山間地域だけの話ではありません。UターンやIターンを積極的に受け入れている中規模以上の都市では、駅の周辺に高齢者向けのマンション開発がさかんになっていたりします。さすがに四〇年近く東京や大阪で暮らしてきたので都市型生活から完全に離れることはできないが、郷里（の近く）で人生をまっとうしたいというわけです。過疎集落の方々にも同様の移転動機があるという場合も少なくないでしょう。自分の集落に住み続けることは困難だが、雰囲気としてはそれに近いところにはいたいというような。

**林**　元気なうちは、車で故郷や山間地に遊びに行くこともできますしね。でもこういう方法はいわば「選択と集中」でもあって、このキーワードが出てきた途端に無条件に反発する人が多いのが現状です。限られたお金（財政）とマンパワーの範囲内で、最大限の幸福を追求することは自分自身の生活では当たり前のことですけど、それがまちづくりになると途端にできなくなってしまう、というのは不思議な話です。「一億国民が農村のすばらしさに気づけばこんな問題は瞬時に解決するのだ」と、ほとんど大戦末期のような精神主義もあります(笑)。実際、「移転なんて口にすると、本当に移転してしまうじゃないか」と心配する人も少なくないと思います。

**飯田**　「心頭滅却すれば」の精神なんですね。勝てると信じていないから勝てないんだ、と(笑)。

**林**　私は、平均以上に農村を大切に思っているつもりです。だからこそ、成り行き任せではばらばらに四散し、すべてが失われるのが耐えられないんです。「農村は大切」という意識と、次善策としての自主再建型移転を考えることは、私の頭の中では全く矛盾していないのですが、私の日本語の語彙の貧しさもあってなかなか伝わらないですね。

**飯田**　政策立案において次善策やコンティンジェンシープラン（不測の事態でのリスクを最小限に抑えた計画）の検討は必要不可欠なはずです。しかし、日本では「成功したらAを、失敗したらBを、想定外の事態の場合は……」と枝分かれになったプランをつくると、あまりいい顔をされませんよね。旧日本軍の作戦面での愚かさを描いた『失敗の本質』の共著者である野中郁次郎氏が経営学者であったことは、非常に示唆的です。軍隊も現代の組織も「日本的な思考」という点で共通していることを示していると思います。

**林**　「そんな弱腰でどうするんだ！」と。

**飯田**　「戦う前から負けたときのことを考えるんじゃない」という暴論があたかも正論のように流通してしまう。米軍の場合は分隊長レベルでも、失敗したときの動き方を考えて行動している。しかし、旧日本軍の場合は将官クラスでさえ「勝つシナリオ」だけで挑んで惨敗し、惨敗時の想定がないから途方に暮れたり、敗北そのものを隠蔽する工作に躍起になったりする。そういった、行動原理は変わっていないのかもしれません。

**林**　本質的なところは一緒なのではないでしょうか。

活性化そのものについて、私は否定していません。どんどんやってほしい。でも、活性化に失敗したときのことも考えておいてくださいね、と言っているだけなんです。ときには、あえて悲観的に考えることも大切です。長期的に見れば、条件不利地のすべての集落で「穏やかな終わり方」ができるとは限らない、ということもあります。贅沢な終わらせ方ができるのも、国の財政的な余裕があっての話です。穏やかな終末というのは、実はとても贅沢な選択肢で、それが恒久的にあるとは限らない、という認識も必要だと思います。

**飯田**　ここ二〇年ほど集落移転がほとんど行われていないというお話でしたが、そうなると移転経験者が同じ都道府県内で見つかるというだけでも、かなり珍しい状況になりつつありますよね。

**林**　そうですね。たとえば市役所で移転を担当した人を探すのは、相当に厳しいです。阿久根市の事例の担当者はまだご健在なのですが。

**飯田**　二〇年前だとまだ経験が残っている。でも五〇年も経ってしまうと厳しい。

**林**　移転当時の現役世代だった方がいないところでは、昔話になっていますね。

**飯田**　元の場所と移転先では住まいの条件も変わってしまうと思うのですが、誰がどこに住むのかはどうやって決めるのでしょうか？

**林**　それはけっこう揉めるところなんですね。地元の人なりのこだわりがあるみたいなんです。たとえばですが、僕から見ると同じに見えるのだけど、地元の人からすると「この川を越えたら田舎なんだ」となる（笑）。

**飯田**　一〇戸くらいが合意形成できて、移り先で確保できるスペースもそのくらいが限界なのでしょうか。

**林**　そうですね。強力なリーダーがいても、一〇戸くらいが現実的なところかなと思いますね。ただ、リーダーがいなくても四戸まで減ってしまって、背に腹は代えられずみんなで意思をまとめて移転を決めたという事例も秋田県でありました。スペースのほうはなんとでもなると思います。

**飯田**　その一方で、（移転という選択肢が）同じ場所に住み続けたいと願う人への有形無形の圧力になり、残りたいという人の幸福度を低下させるのではないかという懸念は残りますね。

**林**　それは私も危惧しています。移転への心理的抵抗が、何かのショックであっさり反転し、隣人に対する「移住しろ」という同調圧力になってしまうのではないか、という危惧です。当事者が望まない移住は、何としても避けなければならない。

繰り返しになってしまうのですが、複数の青写真から選ぶことを徹底するしかないと思うんです。移転以外の選択肢がすべて消えてしまうのは不健全な状態ですので、常に、選べる農村計画であってほしいと祈っています。

## 一番守りたいものをまず決める

**飯田**　中山間地域での農業維持によって、緊急時の農業生産を維持するといった「食糧安保論」の議論を聞くたびに中山間地域の生産力を理解していないと感じざるを得ません。現時点でも、中山間地域でコメ農家が経済的に自立することは不可能です。

**林**　「いざとなったときには山間地の村が国民を受け入れてくれる」という主張もありますが、山間農業地域の集落は二万ですよね。一集落に五〇戸が入るとしても、日本人の何%が救われるのかな、という疑問も浮かびます。

**飯田**　日本全部がダメになって山間地だけが無事という状況もわかりませんよね。なんというか『日本沈没』みたいな話です。

**林**　無理な理屈で危機感を煽る人も少なくないです。煽って、煽って、補助金を入れさせる。

**飯田**　地域活性化の名コンサルタントには二通りのタイプがいるといわれます。本当にしっかりとまちおこしをする人と、上手なストーリーをつくって行政から補助金を取ってくるのがうまい人（笑）。それはそれで当事者にとっては助かるのですばらしい才能ではあるんでしょうが。

**林**　まちづくりのドクトリン（基本方針）の不在を感じます。戦略が行き当たりばったりにならないためには、絶対変えてはいけない価値観に基づく方針がいるわけですよね。戦略を支える方針が、まず存在していない。

現状への固執さえ捨てれば、「地縁を守る」といったドクトリンを維持する方法はいくらでもあると思っています。それさえもなくしてしまうと、本当に行き当たりばったりになってしまう。本当に大切にしているものは何なのかという議論をしっかりやってほしいですね。その上で守るべきものをいったん極限まで絞り込む。濃縮還元ではありませんが、一度削ぎ落とすことができれば、またつけることは容易です。

**飯田**　事情は集落ごとに違うから、集落の中でドクトリンを考える。一番大切なものは何なのかを話し合うということですね。その結果、一番守りたいものを現状のまま、ちょっとした工夫を加えることで守れるとしたら申し分ないところでしょうが、たいていの集落では無理なはずです。

**林**　実のところ、最重要ドクトリンを見つけること自体は意外と簡単で、「自分にとっての最悪の事態は何か」との問いに答えるだけなんです。私個人であれば家族を失うことですが、それは「家族の維持」が私の最重要ドクトリンであり、それを最優先に生きていることを意味します。集団としてもっとも避けたい事態は何か、なかなか難しい問いですが、そこから始まらないと戦略の構築は無理だと思います。

**飯田**　「自分が生まれ育った集落のことを記憶している人が誰もいなくなる」が最悪のシナリオだとすれば、自然消滅を甘受するわけにはいかない。明確になりますね。

**林**　そうなれば、とりあえず自分の代だけ暮らせればという発想は消える。しかし、現状維持したいというところで思考が止まっている地域は多いでしょうね。

**飯田**　現状維持がまったくできてこなかったのがこの四〇年ですからね。

**林**　これはもう農村だけのことではなくて、商店街であってもまったく一緒だと思います。

**飯田**　現状維持と先送りが短期的には最適解であった時代が、ある時点を境に反転してしまった。この認識は重要です。

**林**　それに気づいていないんですよね。とくに研究者は視野が狭いので、今までの過疎がかなり恵まれた過疎だったことに気づいていない人が多い。

**飯田**　フィールド調査をする研究者、とくに一カ所に長く滞在して参与観察をする人は、コミットが強すぎて気づいたら住民の利害代表者になってしまう傾向があるように感じます。

**林**　一カ所へのこだわりはありませんが、ある意味で、僕もちょっと入り込みすぎていますね（笑）。でも、外部の人は価値判断に介入してはいけないと思います。僕はいつも「価値判断に介入するのだったら、腹を切る覚悟で行け」と言っています。腹を切る覚悟がないのだったら、青写真の提供まではいいけど、それに対する善し悪しには絶対介入するべきではない。単純な話なのですが、徹底するのは難しい。でもここから先は、地方議員の方々に活躍してほしい部分です。青写真であれば私たちでも提供できる、でも、そこからは議員の仕事だと思います。

**飯田**　地方議会自体がどんどん形骸化してしまっているので、なかなか難しいかもしれない。となると、地域の中での旧家の役割や首長のリーダーシップは重要かもしれませんね。

**林**　集落移転でも、うまくいったところはやはり村議の人などがしっかりと考えて動いていたり、説得していたりします。議員も移転者から「よかった」と言われ、ホッとする。よそ者の私が数字を示そうが何を出そうが、結局、誰も動かないと思います。「いや、○○さんがいいと言っているんだから」という信頼が、つまり、伝統的でローテクな意思決定が効果的だと思うんですよね。

**飯田**　地方議員さんや旧家の当主が主導して、自分たちにとって最悪の事態とは何なのかをメンバーの中で共有する。そして、最悪の事態を避けるための多様な方法をリストアップする。その過程で研究者やコンサルタントからの具申に耳を傾けるのもいいでしょう。そして提示されたできる限り多い選択肢の中で、住民が意思決定をする。「自分たちにとって最悪の事態を避ける」という思考の出発点は、自主再建型移転のみならず、地方再生の議論の中でもっとも必要な視点になりうるのではないでしょうか。

（主な参考文献）

江成広斗「森林の野生動物の管理を変える」『撤退の農村計画―過疎地域からはじまる戦略的再編』（林直樹・齋藤晋編著）一五四-一六一頁、学芸出版社、二〇一〇年
岡裕泰・久保山裕史「森林資源の動向と将来予測」『改訂 森林・林業・木材産業の将来予測―データ・理論・シミュレーション―』（森林総合研究所編）四一-七二頁、日本林業調査会、二〇一二年
道路投資の評価に関する指針検討委員会『道路投資の評価に関する指針（案）第2版』日本総合研究所、一九九九年
林直樹『土地利用の変化が農林業の多面的機能に与える影響（電力中央研究所報告、研究報告：Y11020）』電力中央研究所、二〇一二年
前川英城「歴史に学ぶ集落移転の評価と課題」『撤退の農村計画―過疎地域からはじまる戦略的再編』（林直樹・齋藤晋編）八九-九五頁、学芸出版社、二〇一〇年

三菱総合研究所『地球環境・人間生活にかかわる農業及び森林の多面的な機能の評価に関する調査研究報告書』二〇〇一年（日本学術会議『地球環境・人間生活にかかわる農業及び森林の多面的な機能の評価について（答申）』二〇〇一年の資料）
山口県林業指導センター『山口県スギ・ヒノキ人工林林分収穫予想表―長伐期対応版―（試験報告第17号付属資料）』二〇〇四年
渡部喜智「木質バイオマス発電の特性・特徴と課題」『農林金融』65巻（10号）、六五三‐六六八頁、二〇一二年

**林直樹（はやしなおき）**

一九七二年、広島生まれ。京都大学大学院農学研究科博士後期課程修了、博士（農学）。東京大学大学院農学生命科学研究科・特任助教。特定非営利活動法人国土利用再編研究所・理事長。横浜国立大学大学院環境情報研究院・産学連携研究員などを経て現在に至る。編著に『撤退の農村計画―過疎地域からはじまる戦略的再編』（学芸出版社）など。

第5章

# 現場から考える
# これからの地域再生

—

熊谷俊人
Toshihito Kumagai

千葉市長

# イントロダクション

飯田泰之

## 市町村にしかできない役割とは

日本経済は四七都道府県の経済、一七一八の市町村の経済の総計として成立している。だからこそ、各地域の経済の活性化が、日本経済の礎となるわけだ。地域経済の発展のためには、民間の力が必要不可欠である（第1章）。これは自由主義経済の下では当然の原則であり、本書全編を貫くテーマだ。その一方で、私たちの幸福度、生活への満足度にとって公共サービスの充実は大きな影響力を持っている。民間には供給できないサービス、公的組織だからこそ可能な平等原則に基づく財・サービスが、求められる分野は決して少なくない。さらには、公共財供給など公的セクターにしかできない施策も多いだろう。よりよい公共サービスの供給は、自由化や規制緩和のみで可能になるものではない。民間の持つスピード感や創造性、政治・行政の持つ広汎性を生かすと同時に、それぞれの欠点を補い合った適切な官民連携が地域再生には必要だ（第2章）。

民間の力、適切な官民連携によって何を達成するか。現代の経済において、ハードな技術は必ずしも競争力の主因ではなくなりつつある。モノの消費からコトの消費へと先進国経済が移行する中で、これからの活力ある都市は人と人のコミュニケーション、信用を生み出す力を備えていなければならない（第3章）。都市の持つ交流を促す力をどのようにして向上させていくか。このような個人の生活に密着した問題について、政策の実行主体となるのは「国」ではない。それを考えるとき、公共セクター側の主役は市町村になるだろう。

人口回復による集積の利益を用いてまちおこしを行う。多くの自治体にとって、これこそが理想のシナリオだということになるかもしれない。しかし、日本全体の人口減少トレンドの中で、こうした「絵に描いたような再生」を達成できるところは多くはない。繰り返してきたように、日本全体の人口が減る中で集積を進める地域があるということは、人口流出を加速させる地域が存在するということに他ならないからだ。これは算数の単純計算である。日本国内の多くの地域では、今まで以上の人口流失の中で、将来の自らの姿を描いていく必要がある。そのとき、人口減少の先駆者である過疎集落の事例とこれからの取り組み（第4章）から学ぶべきことは多い。そしてこのような小集落問題を担当するのも、基本的には基礎自治体である市町村だ。

そこで本章では、熊谷俊人千葉市長との対談を通じて、地域再生における民間部門と公的部門、さらには国・都道府県・市町村がそれぞれに果たすべき役割について考えていくことにしたい。

## 対談

熊谷×飯田

### 一〇〇年後の都市計画は不可能

**飯田**　最近さかんな、「地方が大事」「地方を強くさせなければならない」といった議論は、戦後になって幾度となく繰り返されてきました。ずっと地方再生が重要だと言われ続けていたということは、これまで再生してこなかったということ、それだけ失敗し続けてきたともいえるでしょう。

**熊谷**　おっしゃる通りです。また出てきたな、という感じですね。

**飯田**　そこで、せっかくの貴重な機会ですので、これまでの議論で腑分《ふわ》けできていなかったのではと思えるところを中心に伺いたいと考えています。それは、「公」にしかできないことは何か、という観点です。地域経済の再生には民間の力が必要だ——それはまったくその通りです。その一方で、公の役割はどこにあるのか。千葉市は人口九六万人の大都市で、商工業も発展していますので、民間力が大切だというのはいわずもがなでしょう。その中で、公共が経済面で果たしていかなければならない役割は、どういったものなのでしょうか？

**熊谷** 行政でしかできないことは、まずは道路をつくるといったインフラ整備です。民間がつくるケースもありますが、基本的な都市インフラは行政が税金を投じて行う仕事で、かつ、とても時間がかかります。二〇年後、三〇年後の周辺自治体も含めた状況を見極めた上で、考えなければなりません。そのようなハード面の仕事がまずありますね。

**飯田** 公共財供給は確かに政府・自治体の仕事です。その一方で、インフラ整備特有の問題点も多いでしょう。自分自身が便利になるのであれば誰だって道路や橋を通してほしいと思う。しかし、現在の財政状況から見ればすべての要求に応えることは難しい。膨大な要求の中から、何を選んで何を諦めていくのかは今後ますます困難な課題になるのではないでしょうか。

**熊谷** 率直にいえば、一〇〇年後の千葉市に私たちは責任を持つことはできません。だからこそ、あと少しだけ残っている部分を工事すれば開通できるといった、効果が早く発現できるものに優先して投資しています。千葉市をはじめ多くの都市には、ものすごく壮大な都市計画、道路計画があるんです。環状道路と環状道路をバイパスで結ぶといった計画が、首都圏だけではなくそれぞれの都市ごとにあります。これらをすべて実現するには何年かかると思われますか。

**飯田**　何十年かかっても実現できない計画になっているということでしょうか？

**熊谷**　何十年どころではありません。ここ一〇年の道路整備予算をこれからも維持し続けるとしても、一〇〇年以上は優にかかってしまう。しかし一〇〇年後なんて、そもそも自動車が今の形状で存在しているかどうかもわからない。目標や計画の設定に無理があるのです。そして、実現しても便益をもたらすかどうかも怪しい。私が就任してからの千葉市の方針としては、今後五〇年間で絶対に着手できない計画は、災害時に必要なものなどを除いて都市計画設定を外していくことになっています。五〇年後に「完成」、ではなく「着手」すらできないものが山とある。

計画設定された土地の利用には一定の制限がかかってしまいます。すると、計画があることで有効活用の妨げになることもあるわけです。このマイナスを重視すべきではないか。そのような議論をまず行って、実際に今、具体的に進めているところです。地域、あるいは議会のいろいろな人たちから「これを外されたら困る」「この計画は必要なんだ」と多様なご意見がありましたが、それでもだいぶ都市計画道路設定を見直すことができました。千葉市に限らず、多くの自治体でこういう割り切りをしていかなければいけない時期なのだろうと思います。

**飯田**　民間と比べると、何よりも議会の承認が必要ですし、行政は意思決定に時間がかかりますよね。難しい面も相当にあっただろうと拝察しますが、一〇〇年後までの計画などは「計画」と呼ぶのさえはばかられるレベルです。

**熊谷**　今、完成していなければならなかったはずの道路が手つかずになっているものも、全国にいくらでもあるわけですから（笑）。

**飯田**　そして計画した段階では必要だったけれども、今はまったく必要なくなったものもあるでしょう。そして、当時はまったく必要なかったけれども、今は必要なものもある。既存の計画に縛られてしまうと時代に合った変更が難しくなる。

**熊谷**　おっしゃる通りです。

## 「全国一律願望」がもたらした交付金依存

**飯田**　捨てるべきは捨て、本当に必要なインフラは新たに計画をつくり直していく時に、国と県、市町村の分担が重複する部分もあるのではないかと思います。千葉市は県庁所在地であり、政令市でもある。重複はさらに大きいのではないでしょうか。この部分は県が行うべき、ここは市の主導で、といった役割分担で改善すべき点はありますか？

**熊谷**　そうですね。我々の場合は政令市なので、国道も県道も大部分は市に移管がされています。一部には市だけでは完結しない国道ももちろんありますので国と協働で進めていますが、ありがたいことに国との棲み分けにはあまり問題を感じていません。

ただ、県との役割分担にはどうしても難しい面もあります。たとえば市内での県営住宅と市営住宅の機能的な棲み分けは簡単ではありませんし、県が県庁所在地として置いている公益的な要素を持つ施設と、市の施設との兼ね合いもあります。それぞれ目的が違うので二重行政だとはそれほど思わないのですが、それぞれ老朽化してきていますので、できる限り合築や複合化など、寄せていくことによる相乗効果を本当はもう少し考えていくべきだとは思っています。とはいえ市の施設の複合化ですら、たとえば二つの街にあるものをどちらかに寄せるとなれば地域のほうからは反発がありますから、行政体をまたいで進めるためには相当に時間をかけて議論しなければなりません。ただ、県と市ではそれが必要だという共通認識は持っています。

**飯田** 道路や施設など都市インフラから、商工業の振興という論点に話を進めると、行政の多重性はどのような影響を与えていますか？

**熊谷** 商業に関しては重複が大きいですね。たとえば「商店街振興」という事業は、国も県も市もみんな持っています。政治的な話としても、商業は票になるので、みんなが担当したがります。

民主党政権で事業仕分けが進められたときに、省庁が各地に置いている出先機関も俎上《そじょう》に上がりまして、私も仕分け会議に地方代表の一人として出席しました。経済産業省の出先機関である経済産業局を廃止するかどうかを議論している際、副大臣が東北の商店街活性化を成功事例として挙げて存続を訴えていたのですが、いったい何を言っているんだ、と思いましたね。商店街は地域との密接な関係の上に存在するものなので、国が出てきて見た目だけの活性化をやっても意味がありません。ですが、商店街には古くから地域に根差した方々も多く、政治家への影響力も強いので、国も県もパイプを持ちたがる。商店街振興は市に分担すべきだと思いますけど、言っても実現しないでしょうね（笑）。

**飯田**　農家票、商店街票を握っておきたいわけですね。これは第2章で川崎さんが指摘されていることなのですが、多くの先進国では基礎自治体の主要収入は固定資産税になっている。すると、都市の価値を向上させることに自ら必死にならざるを得ない。だから、地域振興は基礎自治体の第一の業務になる、と。その結果、役割分担も明確化されます。しかし日本の市町村、基礎自治体では最大の財源が地方交付税交付金であることが多い。これでは、なかなかお尻に火がつかない。そして、都市の価値を上げるよりも中央とのパイプづくりのほうが収益性が高いとなったら、合理的に地域振興に資源投入すべきではないということになるでしょう。その結果、アリバイのような活性化策が打たれ続けている面もあるのではないかと思うのですが。

**熊谷**　日本の交付税制度が今あるような形で存続しているのは、国がナショナル・ミニマム（※国家として国民に保障する生活の最低水準。対して地方自治体単位での最低水準をシビル・ミニマムという）を細かく決めていることの裏返しです。国がナショナル・ミニマムを設定しているのだから、当然、国が財源保障をしなければならない。これは、国民が求めていることでもあります。国民は全国一律のナショナル・ミニマムにこだわりますし、それで日本はやってきてしまったので、交付税で面倒を見ることが必須となる。地方交付税制度そのものが悪いというよりは、国がものすごく細かいレベルまで全国一律のサービスを設定して、その保障として財源を確保することが暗黙の前提になってしまっているんです。財源の九割が交付税といった自治体も存在しますが、これは果たして「自治」体なのかどうかと疑問に思うような、そんな世界観が地方行政には色濃くあります。

**飯田**　ナショナル・ミニマムを細かく設定すればするほど、各地域の独自性は薄れていきます。さらに、自治体として、お金を集めることはほとんどやらずに、もらったお金を使うことが主な仕事になってしまうと、人材育成面でも問題が大きい。お金を稼ぐという仕事をせずにビジネスのセンスが培われるはずもないので、まちおこしのセンスもまた育たない。結果として、お金が国から下りてくる地域振興が大好きになってしまうという悪循環になりかねないでしょう。

## 千葉市はベッドタウンではない

**飯田**　千葉の場合は地方の小自治体とは事情がかなり違って、政令指定都市で工業もあり、商業でも全国企業の本社が置かれているような場所なのですが、その中でなお商業面での課題として位置づけられているものはあるでしょうか？

**熊谷**　課題の一つは、これは日本中のどこの都市でも起こっていることですが、買い物の流れが変わってきているということです。千葉市でいえば千葉駅を中心とした商業エリアがあって、千葉市に上ってくる人がそこに集まってきていましたが、今はまず郊外型店舗に行きますし、さらにアマゾンや楽天のようなECサイトもあるので、そもそも家から出る必要もない。中心市街地に「上ってくる人たち」がいなくなったことで商業の半径がとても狭くなっていて、その分お金も落ちなくなってしまっています。

一方で今までの都市計画は、都心居住を軽視してきました。郊外から都市の中心地に来て働き、遊び、また郊外に帰っていくという暮らし方を前提にしていたのです。しかしもはや百貨店ですら、極めて近い地域からしかお客さんを集められなくなっている状況です。この現実を受け止めた上で、都市計画とのズレを是正し、商業を盛り上げていくための議論を重ねています。

**飯田**　中学校の教科書でもおなじみの「都市のスプロール化」はすでに逆流が起きて久しいですよね。中心市街地にマンションを買って住むという選択がかなりメジャーになってきている。さらには中心市街地に住みそこで働く人たちの力を引き出す方向もあるでしょう。

**熊谷**　おっしゃる通りです。
**飯田**　中心市街地に住み働くことを推し進めるのが一つのコンパクトシティ化なのですが、多くの中核市で行政機関やハコモノといったコストセンターを中心につくり、郊外に向けた交通システムを整備するという、まさにスプロール化前提の「コンパクトシティ」になってしまっている現状があります。もっと商業的に、あるいは住環境的に中心市街地に人が集まる仕掛けが必要なのだと思うのですが、どうしても発想の切り替えができていない。それはビジネスの場としてだけとは限らない。千葉市の場合、このような中心市街地とはどこになるのでしょうか？
**熊谷**　千葉市は多軸型で、千葉駅周辺から市役所あたりまでが一つの集積エリアではあるのですが、一方で幕張新都心という首都圏の中でも重要な核が一つあります。さらにフクダ電子アリーナなどがある蘇我も軸の一つで、ＪＲ総武線と京葉線が交わる駅も千葉駅ではなく蘇我駅なんです。千葉、幕張、蘇我という三つの大きな軸があることが、まちづくりの難しさであり、かつ、面白いところでもあります。
**飯田**　三つの軸を、かつての行政のノリで「均等に平等に」とまちづくりをしていくと、それぞれが特色を失ってしまいそうですね。

図表1　千葉市近郊図

**熊谷**　そうなんです。それぞれまったく性格が異なります。千葉駅周辺エリアは、かつてほどではないとしても、周辺の路線から「上ってくる」人たちがいます。幕張新都心は千葉市の拠点というよりも首都圏にとっての重要拠点です。一括りに「都市」と呼ぶには性格が違いすぎるので、そういう意味では他の地方都市とはまったく違う課題を持っているのだと思います。

**飯田**　違うタイプの中心地を複数持っていることは大きなアドバンテージですね。

**熊谷**　はい。千葉市はベッドタウンだと思われがちなのですが、さいたま市、横浜市、川崎市、相模原市といった首都圏政令市と比べても、市内勤務率がすごく高いんです。東京に通勤する人は二二％でしかなく、五七％の人が千葉市内で働いています。千葉市自体に雇用吸収力があって、昼夜間人口比率（夜間人口一〇〇人当たりの昼間人口）も平成二二年度「国勢調査」によれば九七・五で、一〇〇にかなり近い水準です。横浜市で九一・五、さいたま市で九二・八というところですから、首都圏よりもむしろ仙台市（一〇七・三）や札幌市（一〇〇・六）のように、多くの人の暮らしが市内で完結している政令市に近い。京葉工業地帯での雇用や幕張新都心での雇用もありますので、我々としては地域拠点都市としての位置づけもしています。

**飯田**　地域外から千葉市に通勤する人も多いでしょうし、多少の無理をしてでも町村合併を行って人口を確保している政令市と比べると、条件はかなりいいのですね。

**熊谷**　そこは恵まれていると思います。

## 「地域おこし」と「商売」を切り分ける

**飯田**　性格の異なる三つの中心地が存在し、平等原則よりも特色を伸ばす施策を打っていく上で、難しいのは合意形成ではないでしょうか？　それは、そもそも合意の調達をどこまで重視すべきなのかという原則論にも関わることかと思いますが。

**熊谷**　そうですね。経済商業面では、合意形成はすごく難しいです。そもそも合意が完全に取りつけられるのは、うまくいっているときだけです。裏返せば、合意形成から生まれてきたもので活性化するのであれば、とっくの昔に活性化しているはずなんです。全員に「利」があって「害」がないものなら、行政が関わらずとも民間でとっくに行われているはずですから。そうでない以上、必ず利害の対立は起こるので、スタートから合意形成ができるというのはそもそもあり得ないんです。

外部の人も含むいろいろな人間が、しっかりとした考え方と調査、そして経験に基づいた方向性を先に示し、それを実施していくにあたって合意もしっかりと取っていく、という進め方しかないのだと思います。これはむしろ民間の人はとっくにわかっていることですよね。

**飯田**　分配問題としては、こっちに渡すということは、あっちには渡さないということです。それはお金だけでなく権限もそうですよね。まず大きなプランを一つ示し、さらにいくつかの中間プランも示して、そこからプランを細分化していく過程で、具体的になればなるほど合意形成は難しくなっていくのでしょうが……。

**熊谷** そうですね。やるからには「こっち」も「あっち」も巻き込まなければいけないのが、行政の特殊性であり必須の条件でもあります。

**飯田** 第3章では経営学者の入山先生が、グローバリゼーションとは国と国の関係ではなく、特定の都市と都市の結びつきの強弱に収斂《しゅうれん》しつつあるというご指摘をされています。たとえば台湾でもシリコンバレーと結びつきの強い新竹市、東京との関わりが強い台北市という関係性に移行しているとのこと。産業のみならず、人的交流の面でも「国と国の結びつき」という枠組みでの国際化は意味を失いつつあるかもしれない。これはたとえば独自のハラール認証（イスラム法に則った原材料、製法、調理で食品をつくっている業者や店舗を認証する制度）を進められている千葉市にとっても、示唆は大きいのではないでしょうか。このような一律ではない都市間のビジネスや人的交流は、自治体にとっては合意形成のもっとも難しい分野なのかもしれません。合意形成のために汗をかく人たち――首長さんや地方議員の方々の役割は、今後はますます重要になるのではないでしょうか。

**熊谷** おっしゃる通りですね。まず「経済」と「地域活性化」を切り分ける必要があると思います。商店街もそうですし、商業全般でもそうですが、それが経済的な施策なのか、経済外の地域の活性化に関わることなのかが混同されてしまっています。

商業の活性化というのは、それによって税収を増やし、雇用を生み出すこと、お金が適正に動くようにすることがその目的です。しかし、ほとんどの商店街の活性化は、「まちおこし」になってしまっていて、個々のお店の競争力向上や商店街全体の戦略をつくるといったものにはなっていません。いわば「商店街の盆踊りで何をやるか」の議論と一緒なんです。だから悪いということではなくて、地元の人たちの絆を深めることは治安から福祉まで、いろいろなことを改善していく力になります。ただ絆の強化は、少なくとも短期的には商業対策とは切り分けたほうがいい。

商店街活性化で、実際に投入された予算の使途をチェックすると、空き店舗対策とか、カフェをつくってみんなが集まれるようにするとかそういったものが多い。しかし、そもそも空き店舗になっているのはそこで商売が成り立ちにくいからです。物件として魅力が乏しい空きテナントを、補助金を突っ込んで埋めるのは、どう考えても経済的ではありません。本来は民間で新陳代謝すべきものです。でも、それでは地域の元気がなくなってしまうから何とかしなければ、ということなのであれば、それは福祉施策なんです。福祉に商業振興の衣をまとわせるようなやり方はあらためて、意義と目的をはっきりさせ、そして施策を行う主体も明確にしたほうがいいと考えています。

たとえば千葉市の場合は、地域活性化を目的とした商店街施策の担当部署をどうすべきか検討し、地域の絆を深め、助け合いや支え合いを行う自治会やＮＰＯを支援する制度の中に、商店街も組み入れました。やる気のある商店が主体になって地域を盛り上げていく事業は区役所で、商業として重要性のある商店街活性化については、市役所の経済部が引き続き担当するという形で切り分けています。

**飯田** そこは、これからの地域活性化では大きなカギになる部分だと思います。予算を取るときは怪しげな経済効果を挙げて、効果の実証段階では急に絆が深まってよかった……みたいな（笑）。

**熊谷** そうなんです（笑）。計画段階と検証段階でなぜか事業の目的が変わってしまったりするわけです。これらはいわばドライな話とウェットな話で、原則的には二律背反する議論です。どんな状態でも、どちらかはうまくいっているかのようにいうこともできるから、厄介なんです。だからそんな施策でも悪くなさそうに見せかけることができてしまう。

**飯田** 結果、商店街活性化や地域活性化は、「成功事例」ばかりになってしまうのですね。

**熊谷** ええ、そうです。商店街活性化というのは、よほどのことがない限り金の切れ目で終わってしまうケースも多く、成功事例のほうが少ないはずです。

**飯田**　第1章で登場した木下さんが普段からおっしゃっていることですが、予算を投入することで、商店街の第一義的な活動が予算取りになってしまうわけですね。

**熊谷**　そうですよ。ここは難しいところで、地域の絆が深まっていることは認めるべきです。空き店舗がその期間は埋まって、人々の絆が深まった。もうそれでいい、と評価すべきで、裏返せばそのための金額として妥当な範囲でしか予算をつけてはいけないんです。

だから、「また空き店舗に戻ってしまったから予算をつけてくれ」というのはおかしい。それは商業地してのインフラや人の流れを変えない限り、行政がちょこちょことお金を突っ込んでも焼け石に水です。絆への施策をそれとして評価しないで、商業振興と混同したままにするのは、商店街の人たちもまた正当に評価されないことになってしまうので、とても気の毒なことです。

**飯田**　そうですね。怪しげな経済効果ではなく、「絆の構築のためにいくら支出しますか?」という問いに基づいて事業計画を立てなければいけない。住民の絆や助け合いに関わる部分は、おっしゃる通りニア・イズ・ベターの原則で、区役所が担当したり、市議や県議でも地区出身の方が合意形成に尽力するといったほうが望ましいでしょう。

**熊谷**　そうです。商業施策か絆対策なのかは、目的も手段も違います。商店街主導でやったほうがいいのか、社会福祉協議会がやったらいいのか、あるいはＮＰＯがやったらいいのか、フラットに見てもっともいい施策にお金をつけるべきです。行政予算の他に商店街が別枠でお金を持っているとか、絆を名目に今ある予算の別枠を取りにいくとか、そういうことはやめたほうがいい。誰にとっても不幸です。

**飯田**　よくわかります。同時に、財政的に余裕のある自治体はどこにもないので、行政がインフラにお金を投じて人の流れを変えて活性化させるという方策は、かなり限定された地域にしか適用できません。千葉市は三つも商業の中心地があるので恵まれているほうだと思いますが、難しくともなんとかして一つだけでも活性化させなければいけないという自治体では、どの地域を選ぶのかが難問になってくるのではないでしょうか。先ほども述べましたが、これまでは平等原則でやってきたし、やってこられた時代がそれなりに長かったことが、活性化を難しくしている面もあるような気がします。

## 地方は「東京にないもの」を生み出せ

**熊谷**　平等原則は大きなポイントですよね。可能性のある地域をしっかり選ぶことが、他の地域にとってもメリットになると私は考えていますが、こういう考え方はいわゆる「地方論」ではあまり歓迎されないですよね。

**飯田**　全地域が平等で同じように発展するなんてことが起こったことは古今東西ないことなのですが。

**熊谷**　地方論でピントがずれていると思うのは、地方の人が皆、絵に描いたような「田舎」に住んでいると思っていることですね。とくに首都圏の人たちに多い。しかし、実際は大半の人は地方でも都市部に住んでいる。メディアが好む活性化事例も、限界集落や中山間地域の農村での取り組みが多いです。でも日本国民の八割は都市に住んでいるんです。そのことを前提として受け止めて、その地域での毎日の暮らしにふさわしい環境は何によってもたらされるのかを考えないといけない。

行政を預かる身としては、まずは雇用を重視します。人間は働いて生きていくわけですから、雇用がなければ何をしてもうまくいかない。多少の不便があっても雇用さえあれば、そこで暮らし少しずつ他の面も改善していくことができる。やはり基本は雇用だと思いますね。

**飯田**　千葉市の場合は重化学工業があり、港湾があり、商業があるので選択肢は多いですね。一方で、多くの自治体は補助金をつけて大規模な工場誘致を行うといった方向での雇用対策に傾きがちだった。

**熊谷**　その方向性は間違いだと私は思います。千葉市はもともとたくさんの企業が立地しているので、さらなる企業立地のために補助金をつくるというのは一つの戦略として有効でした。けれども、そもそも環境として有利ではないところで、いくら補助金を充実させても長続きはしないですよ。

**飯田**　空き店舗と同じで、そこでは商売にならないからこそどの企業も店舗も入居していないわけです。そこに問題の根本がある。だいたい人口一〇万人未満の中小都市は、死活問題として工場誘致と商店街振興を行うのですが、製造業の工場誘致で継続的な雇用の確保に至るというのはかなりの狭き道でしょう。補助金の切れ目が縁の切れ目というケースのほうが多い。

**熊谷**　千葉市が企業立地として成功しているのも、たとえばある企業が千葉市と他の都市に工場を持っていて、どちらかに集約しようとしている際に、「集約する側」に回るように必死に努力しているからなんです。もともと「根」があるところで、選んでもらうためにいろいろなインセンティブをつける、いわば条件闘争です。根がないところに連れてくるインセンティブ設計は、相当に至難の業ですよ。でも、地元の人はそのような「根」があることを意外と忘れがちなので、外部からいろいろな知見を導入したほうが、地元の良さをさらに伸ばせると思っています。

**飯田**　そうですね。もう少し大きな中核市クラスでは課題の一つは商業でしょう。ここで先ほど指摘した細かすぎるナショナル・ミニマムの弊害が目に見えてくる。これは多くの人が指摘しますが、ある程度の規模の街ほど同じ街並みになってしまう。駅から出ると同じ街に同じ店ばかりがある、いわば東京の劣化コピーばかりが増えていく状況は、「外部から見る目」の不在を感じてしまいます。

**熊谷**　そうなんでしょうね。千葉市でもやはり同じで、みんな「小東京」を目指してしまうんです。それは、かつて千葉駅エリアまで「上って」きた人たちが欲しがったものの実現でもあるのですが、今はどこの地方でも交通アクセスが格段に進歩していますので、東京にないものをつくらない限り人は集まらない。それは外部出身者も入れてプランニングさせたほうがいいと思います。地元の人たちは、東京に行かなくても東京のものが手に入るようにしたいわけなので、発想がまるで逆なんです。

人口が増えているのなら、東京にあるものをつくることにも、一定の理解はできます。でも人口が減っている以上、東京から人を呼ぶしかない。となれば東京にないものをつくるしかないのは当然のことです。わざわざ旅費をかけてもほしいと思うものをつくるしかない。

## 地方は自らの価値に気づけていない

**飯田** 千葉市くらい大きな政令市であれば、ビジネスインフラに「千葉にしかないもの」がある。それが大きな強みですよね。たとえば港があるということは大きなアドバンテージになるのでしょうか？

**熊谷** 港の存在は大きいのですが、しかし近隣には国際港である横浜港があるので、それを超える港にすることはまず不可能です。その代わり、これは全国のみならず首都圏、東京の人にも認知されていないことですが、千葉市には全長四キロメートルの人工海浜（いなげの浜、検見川の浜、幕張の浜を合わせた総延長四・三二キロメートル）があるんです。東京からわずか四〇キロメートルというロケーションで、そんな長い海岸があることをご存じないですよね？

**飯田** 恥ずかしながらまったく知りませんでした。

**熊谷** これは完全に戦略不足です。世界中見渡したって、首都の直近に四キロメートルのビーチがあることは大きな価値です。でもこれを千葉市はまったく活用しないできてしまった。二〇一五年五月に「空のF1」と呼ばれる航空機のレース、レッドブル・エアレースをこの海岸で開催して、ようやく少しだけ認知されたという状況です。

これまで、海を生かしたまちづくりといえば「ポート」でした。今、千葉市では旅客船桟橋をつくっていて、もちろん、これはこれでやらなければいけない。でも、「ポート」は横浜にあって、これから横浜を超えることなどできない。けれど、港湾で特化した街には「ビーチ」はつくれません。我々はオンリーワンの「ビーチ」で勝負すべきだ、とずっと言い続けてきて、ようやくエアレースを開くまでになりました。二〇一六年にはいろいろな施設が人工海浜の周囲にオープンする予定です。

**飯田**　まさに先ほどおっしゃった「根」の有無ですよね。港は圧倒的な根が横浜にある。でも千葉の海岸は、東京湾の埋め立て以前には存在していたものでしょうから。

**熊谷**　そうです。稲毛のあたりはもともとあった砂浜が埋め立てで消失し、それを一九七六年に復活させたものです。浮世絵にも描かれていたくらいの歴史があり、首都圏の中ではここにしかないものです。これを使わない手はないだろうと、私のように外から来た人間には思えるし、東京で暮らしたことのある人には驚きでしょう。でも、千葉市でずっと生きてきた人にとっては、昔からあるものだからピンとこないのです。

そもそも、幕張新都心が千葉市にあることだってあまり知られていません。浦安近辺か、下手すると「幕張市」だと思っている人さえいます。就任直後にその話をしても、「何を言っているんですか。市長は千葉市出身ではありませんからそんなことを言うんでしょう」と言われてしまう。各種アンケートの結果を見せると、あまりにも認知されていないことにみんな愕然としていました。千葉市でさえ、こういうレベルです。

**飯田**　自分たちだけの価値に気づいていない地方はたくさんありそうですね。

**熊谷**　そうです。古来発展してきた都市の多くは街道沿いで、各地の商人たちが行き交っていた場所です。よそ者の視線が注がれ、よそ者の目で価値が掘り起こされて、磨き上げられてきた歴史があるわけです。だからどんどん外の人に見てもらって、「これ、いいじゃないですか」と地元の人たちに言うと、「実はこんないわれがあって」とストーリーも掘り起こされていく。気づくことは内部の人には難しく、隠れたストーリーは外部の人だけでは永遠にわかりません。これが地域にとって望ましいコラボレーションなんです。

## 「設備」から「効用」へ

**飯田**　場所の魅力を保つ一番の方法は、オンリーワンであることです。都心部から近い、ビジネス街から近いというのは一つの好条件でしょう。出勤前に、アフターファイブに散歩できる海岸のある街というのはかなりの魅力です。そして、千葉市のようにコンビナートと港が集積している地域は、それらを当てにする産業は離れられない強みがあるのだと思います。このような産業集積をつくり出そうという動きが出てくるのは、おそらく人口三〇万人が一つのボーダーラインになるのではないか——と私は考えています。私の現在の研究テーマの一つは、人口集中地区の総人口が何万人になると周辺地域からの流入が起こるかという研究です。行政区画単位でおおざっぱに観察すると、三大都市圏以外では人口三〇万人を超えると徐々に周囲から人口を吸い上げる力が強くなるようです。そして、五〇万人を超えるとこの流れは加速する。これがしっかりと実証できれば、三〇万人前後の都市の生存戦略になり得ますし、そうでないところは人口減を前提とした運営に頭を切り替えるべきなのではないかと考えています。

**熊谷**　私なんかはそれでいいじゃないか、と思いますね。個々の市町村すべてで「人口減＝悪」だと決めつけることは疑問です。人口が減って困ることが何か、誰も明確な答えを持っていないのではないでしょうか。

**飯田**　とくに農林水産業や観光業といった、「自然の恵み」から富を得ている地域では、人口減少により一人当たりの所得が上がるケースもあります。集積した市街地から容易にアクセスできる田舎があることも地方の大きな武器です。県庁所在地からアクセス抜群の田園地帯や清流があるというのはなかなかの魅力でしょう。ビジネスの方法は一つではありません。このように考えていくと、人口減少そのものが直接的な地域衰退の原因であることは意外と少ない。

**熊谷**　地域それぞれの役割分担ですよね。すべての街で工業も、商業も、学校も大病院もなければいけないという発想は、やはり生活スタイルのナショナル・ミニマムを国に決めてほしいという願望の表れのような気がします。

**飯田**　ナショナル・ミニマムは「どんな施設があるか」ではなく、効用・効能ベースで考える必要があるでしょう。たとえば、すべての家の前まで舗装道路にすることがナショナル・ミニマムであると考えると、財政上、維持不可能な状態に陥る。このような縛りは外してしまったほうが、地域ごとの暮らしはもっと良くなるはずだと思います。

**熊谷**　そうですよね。人口減少下で役割分担して、生活をする都市、観光をしに行く都市と分かれていくのが理想ですよね。そうあるべきだと思います。

一方で、居住権や財産権も尊重しなければなりません。ある市の首長さんがおっしゃっていたのは、市のはずれにおばあちゃん一人しか住んでいない公営住宅があって、できればそこは畳んでしまいたいのだけど、他の公営住宅に移ってもらおうとしても「ずっとここにいたから」と移ってくれない。おばあちゃん一人のために上下水道からボイラー、修繕まですべて維持しなければいけなくなってしまいますが、これを強制移住させることは日本だけでなく世界中どこでも基本的に許されないことです。そのジレンマは常にあり、おそらく国民感情もおばあちゃんを支持するでしょう。人口減少下の行政は、常にこのジレンマにぶち当たることになると思います。

**飯田**　本人が納得して、「移ってもいいかも」と思ってもらうような説得手段が必要なわけですよね。

**熊谷**　そうです。これは行政が行う合意形成であると同時に、社会全体でどう受け止めるか、どのように議論できるかという課題なのだと思いますね。

**飯田**　そう思います。地方議員の方々もそのような仕事が増えていくでしょうね。

**熊谷**　合意形成プロセスに関わる地方議員の存在はどんどん重要になっていくでしょう。地方から信頼されて選ばれている人たちですから、誰よりもそれが求められる立場なのです。

たとえば千葉市でも、水道関係の職員たちは上下水道普及率を一〇〇％にしなければいけないと思って働いてきました。でも、数億円ものお金をかけて三〇世帯の集落にまで延伸させても、三〇年後に何世帯が残っているのか。水道管を引かずに水を届けるという発想もあっていい。

**飯田** 給水車で週に何回か届けたほうが、おそらくコストはぐっと小さくなりますね。

**熊谷** そういうことですね。つまり「水道を引く」ことが目的なのではなくて、「すべての市民に安心して飲める水を安定供給」することが目的なのですから、九七％の普及率を九八％、九九％と一〇〇に近づけていくことが絶対的な目標だと思ってはいけないんです。

**飯田** 安全な水の供給がタスクで、水道管はその手段だったのに、いつの間にか水道管が目的になってしまっている。これを逆転させて、安全な水の供給という効用・効能ベースに頭を切り換えていかなければいけない。

**熊谷** そうです。「蛇口をひねれば水が出る」をナショナル・ミニマムにしてしまったことの結果なんです。でも給水車でも、浄水器付きの井戸でも、方法は他にいくらでもあるはずですよ。そのために浄水器の交換はどんどんやればいいと言うと、「補助金の要項では浄水器は一〇年更新で、一度しか交換できないことになっています」などと言われるのですが、それならば制度を変えればいい。水道管の敷設・維持費と比べてどちらが効果的なのか、で判断すべきです。

**飯田**　その視点が重要ですね。教育面でも、中山間地域の分校では、子ども一人当たりに年間数百万円のお金がかかっていることもあります。スクールバスでいいじゃないかと思うんですよね。

**熊谷**　スクールバスも購入するとそれなりの値段にはなるのですが、それでも学校を維持するコストとは比べものにならないですね。

**飯田**　一人に年間五〇〇万円かかると、卒業までに三〇〇〇万円。県庁所在地に戸建てが建てられるくらいの金額で、それは他にもっと有効な使いみちがあるだろうと思ってしまいます。

**熊谷**　いや、これは本当に難しい問題なんですよ。

## 役所と民間で人材の行き来がもっとあるべき

**飯田**　遠大な都市計画とか、上下水道普及率は一〇〇％でなければならないという思考法が生まれたのは、三〇年前にここまで日本経済の成長が落ち込むとは誰にも予想できなかったことの結果です。現在から三〇年後の二〇四五年に果たしてどんな社会になっているのか誰にもわからない。スマートフォンも、三〇年前にはＥＣサイトもまったく想像すらしなかったものですが、それらが生活必需品になっている。行政もまた、想像もしない変化があることを前提にしていないと、将来に大きな負の財産を残すことになりかねませんね。

**熊谷** はい。千葉市に限らず行政の人たちにいっているのは、我々の仕事は結果が出るまでの時間が、民間企業よりもはるかにかかってしまうということです。そうである以上、民間企業よりも将来のことを予測できなければいけない。だからむしろ行政の人間こそ、新しいメディアやデバイスに飛びつかなければいけないんです。でも、実際はスマートフォン所有率も民間より低いでしょう。

将来はわからない。でも予測し得ない中でもなるべく予測して、対応できなければいけない。そうでなければ税金を預かる資格がない。一〇年後には、今よりももっと高性能なドローンが、街の空中を飛び交っているかもしれない、そう思えない人間にまちづくりなんかできないんだ、と口を酸っぱくして言っています。たとえばドローンで日用品や食品を配達するマンションや、過疎地域へのドローン配達を想像できないといけないのです。

「商店街がないと買い物難民が出る」という話が決まって出てくるのですが、高齢者が歩いてこられる商店街を維持するためにどれだけのお金がかかるのか。スーパーの配達網もありますし、配達エリアでないのならそこを配達エリアにするための最低限の金額を補助していくほうがずっとハードルは低い。それこそ福祉の一環として、高齢世帯の庭先にドローンで配達するようになるかもしれない。一〇年後くらいには十分起こり得るでしょう。行政の人間はそういう発想ができないといけないんです。

**飯田**　そういう発想ができる人材を集めるためには、市役所や県庁、あるいは官僚たちも、もっと自分たちの仕事の魅力をアピールしていかなければならないですよね。現状、そういう発想をする人間は、公務員試験を普通は受けないというのが問題です（笑）。どちらかというと、儲けることが嫌いだから公務員になるという人が多そうです。

**熊谷**　公務員の人たちは多くが、真面目で手堅いですからね。

**飯田**　地方部に行けば公務員は相対的に高給取りですけど、千葉市のような都市部ではそれほどでもないので、給与面以外のインセンティブが必要なのかもしれませんね。

**熊谷**　そうですね。私自身が民間企業から行政の側に来て思うのは、この国では行政と民間の間に立つ人材が決定的に不足しているということです。これは今、産みの苦しみを味わっているのだと思います。二〇年後にはもっといるだろうと思うのですが。

求められている人材は、行政マンすぎる人でも、ガツガツしすぎた民間の人でもなく、その間を取り持って架け橋になれる人材です。実際に、こういう人材は高い地位で、引く手あまたになっています。狭い市場なので、こういう人材の異動は完全に共有されています。それくらい数が少ない。こういう人材を育てるべきですし、公務員を辞めて民間側で架け橋を担う人がもっと増えてもいい。国としても社会としても、こういう人を意識的に育てるべきなんです。

**飯田**　外からの視線を持っている人ということですね。役所と外との架け橋となって、地域住民や企業、研究者やイノベーターの知見を伝えられる人も必要ですし、あるいは役所の中で、クリエイティブな才能をコンサルティング業務として発揮する人も必要なのかもしれません。

**熊谷**　そうです。だからもっと雇用を流動化させたいんですよ。公務員はもっと辞めて民間に行けばいいし、民間の人たちも時限的に役所に入ってこられるような流動性が欲しい。

**飯田**　市長はまさに民間企業を辞められて政治家となられたわけですが、僕の周りでも、大学新卒から四〇歳までずっと同じ会社にいる人は少なくなってきました。銀行に入った同期でも、やはり一度は転職している人が多い。一方で、公務員になった同期の多くは今も公務員だったりする。民間はかなり雇用が流動化していますし、三〇代までの転職はわりと普通になっていると思いますが、公務員の転職は本当に耳にしないですね。

**熊谷**　公務員は法令に詳しくなるので、民間でも新しいビジネスを起こすときなどでもかなり力を発揮するはずです。だから、元公務員を欲しがる企業がもっと増えてもいいと思うんですよね。民間企業に時限的に出向する制度があってもいいし、民間企業も社員を時限的に行政で研修させれば、もっといろいろなコラボレーションが生まれてくると思います。街の仕組みを覚えるとかなりの武器になりますし。

**飯田**　千葉市にはイオンの本社がありますが、イオンの商品開発、商品展開に関わる部署の人は、行政との付き合い方がわかっていればわかっているほど将来の仕事の種になるでしょう。

**熊谷**　そうなんです。私が市長になってからは、イオンとは人材交流をしています。たとえばイオンで食品のマーケティングを担当している人が千葉市の農政部とかに来れば、農業政策の立案過程がもろにわかる。これを知っているかどうかで、彼らの仕事はまったく変わってきます。もちろん、市役所からイオンに行く人間も同じです。

**飯田**　千葉市クラスであれば官民格差も非常に小さいでしょうし、人材交流もしやすいのかなと思うのですが、多くの地方は公務員のほうが所得が高い。官民の給与格差が人材の流動化を妨げている一因なのかなと思うのですが。

**熊谷**　そうですね。地方では公務員は比較的エリートの人たちなので、志が高く野心的な人もいます。一方、都市部は自ら牙を抜いてしまっているような人たちもいるので、少し意識の違いはあるかもしれませんね。地方では、地域の中の「外」の人だけではなく、地域外の「外」の人材も積極的に取り込んでいったほうがいいでしょうね。

## 「行きたい街」かどうかがすべて

**飯田**　本書では「元気な地域」であることの条件を巡って、経済、雇用、地価、集積といった面から考えてきました。ここで、経済に限らず「地域が元気であるための条件」として、どんなことがあるとお考えでしょうか？

**熊谷**　行きたくなる場所であること、これに尽きると思いますね。それは住みたくなるのでも、働きたくなるのでも、遊びに行きたくなるのでもいい。

**飯田**　街の特徴によって目指すものを変える、ということですね。住みたくなって、遊びに行きたくなる場所は、おそらくは経済が回っている。

**熊谷**　そうなんですよ。だから、「行きたい」がないとかなり辛いですよね。既存住民の幸せを拡大していくための施策は、福祉をはじめとしたさまざまな領域で技術的にやっていかなくてはならないわけですが、「次に来る人たち」がいないと、やはり続かなくなります。「行きたい」場所であり続けることは未来のための政策課題なのだと思います。

**飯田** かつての「行きたい」街は、東京がモデルになってしまっていたのだと思います。でも現在の商店街活性化を見ると、東京にあるものではなくそこにしかない一点ものを追求している事例ほど長続きすることがわかります。千葉市のビーチも、海が好きでそのそばで暮らしたい人、働きたい人には大きな魅力になる。これまでは首都圏のビーチの座は湘南がほぼ専有していましたが、それとは異なるビーチの魅力を提示しているということですね。

**熊谷** そうです。湘南のビーチは、海の家が並び海水浴をする、行楽のためのビーチです。でも諸外国には、都市型のビーチが数多くあります。スーツを着た人がお茶を飲んでいたり、家族が買い物をしたりしてゆったりと過ごすビーチが、日本にはありません。幕張新都心のビル群の目の前にビーチがあり、東京からもすぐに来ることができる、そのような場所はオンリーワンだと思いますので、その良さを提示していきたいと考えています。

**飯田** 海水浴というよりも、海のそばにいたい人向けのロケーションですね。

**熊谷** そうです。砂浜に入るにはハイヒールでは難しいですが、砂浜に面したお店やレストランはハイヒールで楽しめます。海があり、波の音があり、日常の中の非日常があるということが大事です。行楽としてのビーチは湘南にも外房にもあるのですから、そこを中途半端に目指すのではなく、ビーチがある都市空間を充実させていけばいい。

**飯田**　第3章の入山先生とのお話でも、軽井沢や鎌倉にクリエイティブな人たちが集まっているという話題が出たのですが、そういう人が集まってくれれば千葉市のクリエイティビティも上がっていきますね。「住みたい」はもう一段高いハードルがありますが、「行きたい」「ここで働きたい」とすら思えない街を活性化するのは相当に難しい。

**熊谷**　それはもう千葉市も、たくさんの失敗を経験してきたことですが、全部を目指すと中途半端になって、誰をターゲットにしているかがわからなくなってしまうんです。

**飯田**　そうなんですよね。全員の最大公約数を取ると、日本全国どこにでもあるものができ上がってしまう。誰からも強い不満こそ出ないけど、誰も楽しくないし満足しない。これまでの都市計画はまさにそういうものでしたし、まちおこしや活性化もそうだったのだと思います。細部での合意形成は重要ですが、全体を丸くするのではなく少しでも尖ったものを打ち出していかないと、街は活性化しないと思います。

**熊谷**　いい意味で尖ったものは、時間がかかっても誰かが価値を見出しますし、そうでないものは誰も選ばないので、自然に収斂されていくだろうとは思っているんですよね。価値を見出してもらうまでの時間の長短や、それを待つ体力の問題はありますが、中途半端なところは衰えていって、衰退しきったところでまた別の価値が生まれ、何らかの価値にたどり着くのではないかと考えています。ただ、現在の東京一極集中だけは異常な状況ではあるので、これは収斂を待たずになんとかしたほうがいいとは思いますが。

**飯田**　東京一極集中は明らかに東京のクリエイティビティを落としています。往復で二時間前後も通勤に費やしている都市で、人と会ったり仕事以外の時間や交流を持つことは無理がある。そんな大都市はやはりダメだろうと思いますね。

**熊谷**　遊びも含めて二四時間を使っている人たちと、二二時間で互角に戦え、というようなものですよね。スタートから負けている。

**飯田**　完全にハンデ戦ですよね。

**熊谷**　私は子どもがまだ小さいのですが、東京に往復九〇分かけて通勤していたら、どんなに頑張っても家族と食卓を囲めないですよ。子どもたちと一緒にご飯を食べられなければ、もう何時に帰っても一緒なんですよね。お父さんの残業が多いのは、それも理由ではないでしょうか。

千葉市のいい点は、職住近接が多いことで、そうなるとやはり帰りたい欲求が出てきます。

短い時間で働こうと思うから、生産能率が上がる。これはもう経済学の論理ですよね。人口が減ってきたら、生産性を上げるしかない。生産性を上げるには「早く帰りたい」と思わせるのが一番です。通勤時間が長く、生活から労働を引き剥《は》がして、人間としての暮らしを捨てさせて人々を働かせている国の、生産効率が上がるわけがないんです。

これはもう地方論とか都市論とは別の次元として大問題ですよ。とにかく通勤時間を短くしなければいけない。職住を近接させなければいけない。それはこの国が人口減少を迎える中で、国際的な立ち位置を確保していく上で、絶対にやらなければいけないことです。

## 地方に住む不便はほとんどない

**飯田** 東京集中の問題点はこれだけではありません。東京は金融サービス業の集積地なのですが、東京以外に様々な産業の集積がないと、国全体としては非常に脆い。リーマンショックのときのイギリスがまさにそうで、世界の金融センターだと誇っていたのが、国を挙げての総崩れに近い状態になってしまいました。その点、ドイツは、金融の中心地がボロボロになっても、多様な製造業の集積地の中には比較的軽い損失で乗り切れたところもある。東京だけの問題ではなく、一本足の経済は国として危ない。

**熊谷**　私もよく、「千葉市はどの産業に特化して企業誘致をやっていくのですか？」と聞かれるのですが、「そんなことはやりません」と答えています。千葉市はすでにバランスのいい産業構造を持っているので、わざわざ特定産業で尖る必要はなく、全部を伸ばしていけばいいんです。選択と集中をせざるを得ない自治体も多いのでしょうが、幸いにしてそうではないので、働きやすさや住みやすさを拡充していったほうが産業を伸ばすことにもなると考えています。東京の企業がいきなり九州や北海道に移転するのは難しいでしょうが、千葉市も含めて職住近接が可能な関東近県に移ることはそれなりに現実的だろうとも思いますので、そのためにも快適さは大事だろうと思います。

**飯田**　そうですね。東京で働いている人も、毎日渋谷で買い物したいわけでもないし、銀座で食事したいわけでもない。そもそもそんなお金を持っている人はほとんどいないですから、そう考えると郊外型ショッピングモールがあって、ＥＣサイトがあれば、あとは月に一回都心に行けばいいという人も多いでしょう。東京に住む積極的な理由は、勤め先が東京にあるという一点だけなんですよね。

**熊谷**　それだけですよ。私も東京にも住んでいましたが、千葉市に移ってもまったく不便は感じません。実際に暮らしてみれば、苦痛に感じる人はいないんじゃないかと思いますね。

**飯田**　メディアが取り上げる「地方」は限界集落のような極端な「田舎」ばかりですが、多くの人が住んでいる地方都市で、そういう不便を感じることはそうはないですよね。

**熊谷**　土日にイオンに入り浸る生活を、悪いことのように取り上げるメディアも多いですし、市役所に入ってくる人でも本気でそう思っているタイプは少なくないのですが、それは国民が選んだことであり、その生活軸で時計の針が進んでいることを無視しがちですよね。ショッピングモールやＥＣサイトよりも高い値段で、商店街で同じものを買う人はいないんです。

議員のとき、商店街に事務所を構えたのですが、近所の酒屋さんは珍しいお酒を揃えて遠方から来る人を相手に商売をしていました。今、生き残っているお店は、みんなそういう工夫をしている。ものは同じで五〇円高いビールを売る方法はないんです。

**飯田**　経済原則に逆らった地域再生の方策は不可能です。まったく同じならば安いほうがいい。安さで勝つことができないならば、金額に見合う「何か」を提供する存在にならなければならないわけです。旧来型の商店街は戦後のある時期に合理的な商業の形態だった。しかし、現在の技術水準ではそうではない。それだけの話です。商業も、そしてあらゆる産業において、現在とこれからの状況に合わせて変わっていかなければならない。これは行政も同じでしょう。「変わらずに生き残るためには、変わらなければならない」（映画『山猫』のセリフ）のです。

**熊谷俊人（くまがいとしひと）**

一九七八年生まれ、神戸市出身。千葉市長。早稲田大学卒業後、二〇〇一年NTTコミュニケーションズ株式会社入社。〇七年、千葉市議会議員選挙に立候補し当選。〇九年、千葉市長選挙に立候補し当選。三一歳での市長就任は当時全国最年少で、政令指定都市では歴代最年少。一三年に再選し現在は二期目。

# おわりに

地域再生を巡る三つの講義と五つの対談はいかがでしたでしょうか。編者である私の専門はマクロ経済学であり、これまで経済論壇においても金融政策や税制といった一国全体に関わる政策を論じることがほとんどでした。その意味で、私自身が本書の企画によって地域経済の現状と課題を認識する——つまりは勉強させていただくことができ、今後の研究への大きな糧《かて》を得たと考えております。

私が地域経済に大きな関心を寄せるようになった理由は三つあります。その一つは学術的な、一つは現実的な、そしてもう一つは個人的な関心によるものです。

現代のアカデミックなマクロ経済学は、個人や企業といった、いわばもっとも小さな経済主体の行動を積み上げて理論を構築します（専門的にはこれをマクロ経済学のミクロ的基礎づけと呼びます）。ミクロ的基礎づけに基づくモデルは、経験則や相関関係に依存しがちだったマクロ経済学を大きく進化させました。しかし、このようなモデル化の方針は因果関係を明確にするという効能をもたらすものの、かえって日本全体の経済動向といったマクロ特有の現象を予想する力を失ってしまっているのではないかと感じられます。これからのマクロ経済動向の把握には、マクロとミクロの中間に当たるメゾ経済学が必要なのではないか――このように考えたとき、地域経済論の重要性を再認識させられます。

現実の日本経済においても、地域経済の活性化が大きな課題となっています。一国全体の経済動向は金融政策・財政政策といったマクロ経済政策に左右されざるを得ません。たとえば、ほんの数年前までのように日本経済の実力を上回る円高環境の下では、企業・地域・労働者は大きなハンディキャップを負いながら活動せざるを得ない。もちろん、ハンデなどものともせずに業績を伸ばし、財政を再建するべきだというマッチョ理論もあり得るかもしれない。しかし、私自身は、せめて拙《つたな》いマクロ経済政策という足枷《あしかせ》を除き、戦いやすい環境を整えることこそが企業・地域・労働者の経済活動にとっての当面の課題だと考えてきました。だからこそ、メディアで発言する機会があれば、第一に金融政策の正常化や財政政策の正常化を主張してきました。

現在の日本のマクロ経済政策は、過去二〇年に比較すると、相対的にはまっとうなものになってきています。財政政策にはまだまだ不安が残りますが、大胆な金融緩和は過度の円高を是正し、それに伴って企業業績や雇用は大きく改善しています。すると、次に必要なことは、この経済環境の正常化を広く国民生活の改善に結びつけていくための主張を行うことなのではないかと感じるのです。悲惨な企業業績と大量の失業という状況では達成可能な解がなかった地域再生が、今、現実的な改善策を講じうるようになってきている。これが今、地域再生を語る理由です。

そして、第三の理由はまったく個人的なものです。二〇一一年四月、私は知人とともに震災の爪痕生々しい三陸に向かいました。その中で見たもの、聞いたこと、感じたことは現在の私の活動に大きく影響しています。繰り返し行った視察の中で多くの仲間と出会い、その交流は今も続いています。あるときは被災地でのボランティア活動に従事し、また三陸地方の特産品を紹介するイベントの運営に参加し、いくつもの復興・地域再生のビジネスプロジェクトを観察してきました。あの震災からさえも力強く復興を遂げようとしている三陸地域を見ていると、地域経済について自身の考え方をまとめ、なんらかの情報を発信していく必要があるのではないかと感じる。震災以前からの高齢化、加速する人口流出、その中でどのように地域再生を図っていくか。被災地の復興は、これから三〇年の日本の各地域が直面する問題の先行者として、大きなヒントを提供してくれているように思うのです。

日本経済を取り巻く状況は決して楽観視できるものではありません。そして、日本の多くの地域が抱える問題を概観すると、ともすると悲観と諦観に支配されてしまいそうになるかもしれません。正直なところ、書き手としては、悲観論は非常に楽です。何の不安も不確実性もないことなど世の中には存在しないのですから。予想が外れたとしても、注意喚起できてよかったとうそぶいていればいい。一方で、希望や解決策の提案は発信した先から批判されます。状況がとても楽観できるものではない中で、そして全員にとってお得でお気楽な解決策がない中で、改善や改革を提言するのは非常に損な役回りかもしれません。しかし、楽でお手軽で、しかもかっこいい絶望から生み出されるものは何もないのです。

本書に登場いただいた五名の皆さんは、現実の生活・仕事に密着した地域経済というフィールドについて、全てを解決する特効薬はないとわかった上で、なんらかの現実的な改善策を得ようと志向されている方々ばかりです。そこから得られるヒント、刺激は少なくない。これは、本書企画時点から編集に携わったものとして太鼓判を押したい。

もちろん、広範な分野に及ぶ地域経済の課題の中で、本小品が取り上げることができたテーマは、その一部に過ぎません。編者としても、より具体的で、より詳細で、より広範なテーマについて現場で、研究室で奮闘される方々の話をもっと紹介したいという思いでいっぱいです。その意味で、私自身にとっても本書は地域経済を理解する第一歩であると考えています。そして、本書がこれから私たち一人一人が地域経済を考えていく際の「踏み台」としての役割を担いうる――そう感じていただける読者の方がありましたら、編者としてこれ以上の幸いはないと感じるのです。

追記‥

ともすると編者にとってのお勉強記録になりかねない（実際すばらしい勉強をさせていただきました）本書の企画を快く引き受けてくださった光文社新書編集部の古川遊也様、企画段階から多様な視点を提供くださった柳瀬徹様に感謝いたします。

編集協力／柳瀬徹
本文デザイン／華本達哉

**飯田泰之**（いいだやすゆき）
1975年、東京都生まれ。明治大学政治経済学部准教授。

**木下斉**（きのしたひとし）
1982年、東京都生まれ。一般社団法人エリア・イノベーション・アライアンス代表理事。

**川崎一泰**（かわさきかずやす）
1969年生まれ。東洋大学経済学部教授。

**入山章栄**（いりやまあきえ）
1972年生まれ。早稲田大学ビジネススクール准教授。

**林直樹**（はやしなおき）
1972年、広島県生まれ。東京大学大学院農学生命科学研究科・特任助教。

**熊谷俊人**（くまがいとしひと）
1978年生まれ、神戸市出身。千葉県知事。

## 地域再生の失敗学

2016年4月20日初版1刷発行
2021年6月15日　　8刷発行

| | | |
|---|---|---|
| 著　者 | ── | 飯田泰之／木下 斉／川崎一泰<br>入山章栄／林 直樹／熊谷俊人 |
| 発行者 | ── | 田邉浩司 |
| 装　幀 | ── | アラン・チャン |
| 印刷所 | ── | 堀内印刷 |
| 製本所 | ── | ナショナル製本 |
| 発行所 | ── | 株式会社光文社<br>東京都文京区音羽1-16-6(〒112-8011)<br>https://www.kobunsha.com/ |
| 電　話 | ── | 編集部03(5395)8289　書籍販売部03(5395)8116<br>業務部03(5395)8125 |
| メール | ── | sinsyo@kobunsha.com |

® <日本複製権センター委託出版物>
本書の無断複写複製（コピー）は著作権法上での例外を除き禁じられています。本書をコピーされる場合は、そのつど事前に、日本複製権センター（☎ 03-6809-1281、e-mail : jrrc_info@jrrc.or.jp）の許諾を得てください。

本書の電子化は私的使用に限り、著作権法上認められています。ただし代行業者等の第三者による電子データ化及び電子書籍化は、いかなる場合も認められておりません。

落丁本・乱丁本は業務部へご連絡くだされば、お取替えいたします。
© Yasuyuki Iida, Hitoshi Kinoshita, Kazuyasu Kawasaki, Akie Iriyama, Naoki Hayashi, Toshihito Kumagai
2016　Printed in Japan　ISBN 978-4-334-03915-8